Biblische Kernsprüche in Figuren, um die Jugend „spielend zu unterweisen“, bietet die hochoriginelle Bilder-Bibel aus Nürnberg – hier nach einem wohlerhaltenen kolorierten Exemplar der Ausgabe von 1806 wiedergegeben. Biblische Grundworte werden in dem ansonsten gedruckten Text durch Bilder oder Embleme in Holzschnitt vertreten: die tiefsinnige Spielerei einer bilderfreudigen Epoche. Originalformat 10×16,6 cm. – Herausgegeben und mit Nachwort von Hubert Göbels.

Histori
sche.
Bilder.
Bibel.

Curieuse Bilder=Bibel

oder die vornehmsten

Sprüche heiliger Schrifft

in

Figuren

vorgestellt

wodurch dieselben der zarten Jugend

auf eine angenehme u: ergötzende Art

bekant gemacht werden könen.

Mit Churfürstl. Sächs: allergnädigste Freyheit

Nürnberg

auf Kosten der Raspeschen Buchhandl:

Die Sammlung Alte Kinderbücher innerhalb der Reihe „Die bibliophilen Taschenbücher“ wird herausgegeben von Hubert Göbels. Das Exemplar der Ausgabe Nürnberg 1806 stammt aus der Kinderbuchsammlung des Herausgebers.

Die bibliophilen Taschenbücher

Gesamtherstellung: Karl Hitzegrad, Dortmund
Printed in Germany

Vorrede.

Die Bemühung, der zarten Jugend durch Bilder die wichtigsten Dinge in der Welt, vorzüglich aber die Geschichte der heiligen Schrift, frühzeitig beyzubringen, ist zu allen Zeiten von großem Nutzen gewesen. Es trägt hiezu sehr vieles bey, wenn Personen, denen die Pflege der Kinder anvertrauet sind, solche durch gutgewählte Bilder ihrem Gedächtniß beizubringen suchen, wodurch ihre Wißbegierde mehr gereizt und die Neigung, Sprüche durch Figuren zu erlernen, immer mehr zunehmen wird.

Diesen auf die Erfahrung gegründeten Nutzen, die Jugend spielend zu unterweisen, hat man schon vor vielen Jahren durch die gegenwärtige Bilderbibel zu befördern gesucht; der beständige gute Abgang dieses kleinen Buchs hat auch bewiesen, daß der Erfinder desselben seine gehabte gute Absicht erreicht habe.

Solchen nun, wo möglich, noch mehr zu vergrössern, und dasselbe noch nützlicher zu machen, hat man bey der gegenwärtigen neuen Auflage einige Veränderungen und Verbesserungen vorgenommen. Man hat sich nämlich bemühet, in den Sprüchen eine biblische Ordnung zu erwählen. Man hat bey der Schöpfung angefangen; von den allerwichtigsten Geschichten der heiligen Schrift Sprüche beygebracht; und mit der Geschichte von der Erlösung des menschlichen Geschlechts, und mit einigen Tugendlehren beschlossen. Man hat diese Sprüche, welche sonsten zu Erläuterung der Figuren voran gedruckt waren, mit lateinischen Buchstaben unter jede Seite gesetzt, auch diejenigen Worte, welche oben mit Figuren angezeigt sind, durch geschobene Schrift unterschieden. Daß also zwey bis dreyjährige Kinder, so bald sie nur ein wenig reden können, nicht nur von den wichtigsten göttlichen Lehren einen kurzen Begriff erhalten, sondern auch sowohl zum deutsch als lateinisch lesen, durch vernünftige und wohl unterwiesene Mütter und Wärterinnen, spielend angewiesen werden können.

Den so nöthigen frühzeitigen Unterricht in den göttlichen Wahrheiten noch weiter zu befördern und zu erleichtern, hat der Verleger einen schon ehehin herausgegebenen Auszug und Kern der heiligen Schrift, in 365. kurzen, mit nützlichen, nach den Begriffen der Jugend eingerichteten Erklärungen und Lehren verfaßten Geschichten, wieder neu auflegen lassen, und solchen zur Ermunterung, mit 52 saubern Kupfern versehen. Vermittelst dessen den Kindern täglich eine Historie, und also binnen einem Jahre, der wichtigste Inhalt des göttlichen Worts sehr leicht beigebracht werden kann.

Damit auch dieser heilsame Endzweck noch mehr erleichtert, und der Nutzen mit erlaubter Belustigung verbunden werden könne, hat der Verleger von beyden Büchern eine Anzahl sauber und lebhaft illuminiren lassen, um sie der Jugend desto gefälliger zu machen.

Der kleine Catechismus Lutheri, mit den nothwendigsten figürlich vorgestellten Sprüchen erläutert, ist auch zu gleicher Absicht in eben dieser Handlung zu haben.

Neue verbesserte Auflage,
1806.

Am Anfang schuf 

 und 

und die Erde war wüste und leer, und der

Gottes schwebete auf dem

Am Anfang schuf *Gott Himmel* und *Erde*, und die Erde war wüste und leer, und der *Geist* Gottes schwebete auf dem *Wasser*.

der HERR machte den

 aus einem  Kloß

und bließ ihm ein den lebendigen

Odem in seine 

und also ward der Mensch eine lebendige Seele.

Gott der Herr machte den *Menschen* aus einem *Erden*-Kloss, und er bliess ihm ein den lebendigen Odem in seine *Nase*, und also ward der Mensch eine lebendige Seele.

Und Gott der Herr pflanzte

einen 

in Eden, und sezte den Menschen darein, und sprach: Du sollst essen von

allerley 

im Garten

aber von dem 

des Erkenntnißes Gutes und Böses sollt du nicht essen, denn welches Tages du davon issest, wirst du des Todes sterben.

Und Gott der Herr pflanzte einen *Garten* in Eden, und setzte den Menschen darein, und sprach: Du sollst essen von allerley *Bäumen* im Garten, aber von dem *Baume* des Erkenntnisses Gutes und Böses sollt du nicht essen, denn welches Tages du davon issest, wirst du des Todes sterben.

Die  sprach

zum Ihr werdet mit

nichten des ster=

ben, und sie nahm von der

 und aß, und gab ih=

rem auch davon,

und er aß.

Die *Schlange* sprach zum *Weibe:* ihr werdet mit nichten des *Todes* sterben, und sie nahm von der *Frucht* und aſs, und gab ihrem *Manne* auch davon, und er aſs.

 sprach zu dem gefallenen Adam: verflucht sey der  um deinetwillen, mit Kummer sollt du dich darauf nähren dein Lebenlang;  und  soll er dir tragen, und im Schweiß deines  sollt du dein  essen.

Gott sprach zu dem gefallenen Adam: Verflucht sey der *Acker*, um deinet willen, mit Kummer sollt du dich darauf nähren dein Lebenlang; *Dornen* und *Disteln* soll er dir tragen, und im Schweiſs deines *Angesichts* sollt du dein *Brod* essen.

Cain brachte dem Herrn ein

 von den Früchten des 

Habel brachte auch von den Erstlin-
gen seiner , und der
Herr sahe gnädig an Habel und
sein  und da sie auf dem 
waren, erhob sich Cain wider seinen
Bruder,

und schlug ihn tod.

Cain brachte dem Herrn ein *Opfer* von den Früchten des *Feldes*, und Habel brachte auch von den Erstlingen seiner *Heerde*, und der Herr sahe gnädig an Habel und sein *Opfer*, und da sie auf dem *Felde* waren, erhub sich Cain wider seinem Bruder, und *schlug ihn* tod.

1. Petr. 3. v. 20.

harrete zu den Zeiten

Noå; da man die

zurůſtete, in welcher wenig, das iſt acht Seelen, erhalten wurden durchs

Gott harrete zu den *Zeiten* Noä; da man die *Arche* zurüſtete, in welcher wenig, das iſt acht Seelen, erhalten wurden durchs *Waſſer*.

Noah ließ eine 

fliegen aus dem

die kam zu ihm um Veſper=
Zeit, und ſiehe ein

Oel= 

hatte ſie abgebrochen,
und trugs in ihrem

Noah lieſs eine Taube fliegen aus dem *Kaſten*; die kam zu ihm um Veſper Zeit; und ſiehe, ein *Oelblat* hatte ſie abgebrochen und trugs in ihrem *Munde*.

Die Leute der 

sprachen: Wolauf, lasset uns eine

und  bauen, dessen 

bis an den

reiche.

Die Leute der *Welt* sprachen: Wolauf, lasset uns eine *Stadt* und *Thurm* bauen. dessen *Spitze* bis an den *Himmel* reiche.

Abraham bauete

einen  und legte das

 darauf, und band

ſeinen Sohn Iſaac, und legte

ihn auf den  oben auf

das Holz; und reckete ſeine

 aus, und faſſete das

 daß er ihn ſchlachtete.

Abraham bauete einen *Altar*, und legte das *Holz* darauf, und band ſeinen Sohn Iſaac, und legte ihn auf den *Altar*, oben auf das Holz, und reckete ſeine *Hand* aus, und faſſete das *Meſſer*, daſs er ihn ſchlachtete.

Eleaſar ſprach: Der HErr hat meinen Herrn Abraham reichlich geſeegnet, und hat

ihm  und

  und 

 und 

 und  gegeben.

Eleaſar ſprach: Der Herr hat meinen Herrn Abraham reichlich geſegnet, und hat ihm *Schaafe* und *Ochſen*, *Silber* und *Gold*, *Knechte* und *Mägde*, *Kamele* und *Eſel* gegeben.

Jacob ſahe eine  die

ſtund auf der Erden und

rührete mit den  an

den  und ſiehe

die 

GOttes ſtiegen daran auf und nieder.

Jacob ſahe eine *Leiter*, die ſtund auf der Erden, und rührete mit den *Spitzen* an den *Himmel*, und ſiehe die *Engel* Gottes ſtiegen daran auf und nieder.

Joſeph ſprach:
mich dauchte die

und der 

und XI.

* * * * *
* * * *
* *

neigeten ſich vor mir.

Joſeph ſprach: mich dauchte die *Sonne* und der *Mond* und *eilf Sterne* neigten ſich vor mir.

Der  des 

erſchien  in einer

feurigen  aus dem

Buſche, und er ſahe,

daß der  mit Feuer

brannte, und ward doch
nicht verzehret.

Der *Engel* des *Herrn* erſchien *Moſen* in einer feurigen *Flamme*, aus dem Buſche, und er ſahe, daſs der *Buſch* mit Feuer brannte, und ward doch nicht verzehret.

Mose warf
den  von sich,
da ward er zur

und Mose flohe vor ihr;
aber der HErr sprach zu ihm:
strecke deine  aus, und
erhasche sie bei dem Schwanze.

Da streckte er seine 
aus, und hielt sie; und sie
ward zum 
in seiner 

Mose warf den *Stab* von sich, da ward er zur *Schlange*, und Mose flohe vor ihr; aber der Herr sprach zu ihm: strecke deine *Hand* aus, und erhasche sie bei dem Schwanze. Da streckte er seine *Hand* aus, und hielt sie; und sie ward zum *Stabe* in seiner *Hand*.

Du 

führe-

test dein  wie eine

Heerde  durch

 und 

Du *Herr* führetest dein *Volk* wie eine Heerde *Schaafe* durch *Mosen* und *Aaron*.

Die

wich nimmer von dem Volke Israel des Tages, noch

die  des Nachts.

Die *Wolken - Säule* wich nimmer von dem Volke Israel des Tages, noch die *Feuer - Säule* des Nachts.

Da Moses

vom 

Sinai herab gieng, hatte
er die zwo

des Zeugnisses in seiner

Da Moses vom *Berge* Sinai herab gieng, hatte er die zwo *Tafeln* des Zeugnisses in seiner *Hand.*

In der

war der

und der  und

die

Schau= 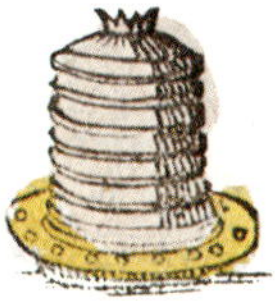

In der *Stiftes-Hütte* war der *Leuchter*, und der *Tisch*, und die *Schau-Brode*.

Die

des Teſtaments war allent=
halben mit  überzogen,
in welcher war: die
güldene  die das
Himmel=  hatte;
die  Aarons,
und die 

des Teſta=
ments.

Die *Lade* des Teſtaments war allenthalben mit *Gold* überzogen, in welcher war die güldene *Gelte*, die das Himmel-*Brod* hatte. Die *Ruthe* Arons, und die *Tafeln* des Teſtaments.

Der Hohepriester soll

den  des Volks

Sündopfer, schlachten, und
seines Bluts hinein bringen,
hinter den

und damit auch sprengen vornen
gegen den

Der Hohepriester soll den *Bock*, des Volks Sündopfer, schlachten, und seines Bluts hinein bringen, hinter den *Vorhang*, und damit auch sprengen vornen gegen den *Gnadenstuhl*.

Der 

sprach zu

Mache dir eine eherne

und richte sie zum Zeichen auf, wer gebissen wird, und siehet sie an, der soll leben.

Der *Herr* sprach zu *Mose:* Mache dir eine eherne *Schlange*, und richte sie zum Zeichen auf, wer gebissen wird, und siehet sie an, der soll leben.

Es wird ein

aus Jacob aufgehen, und ein

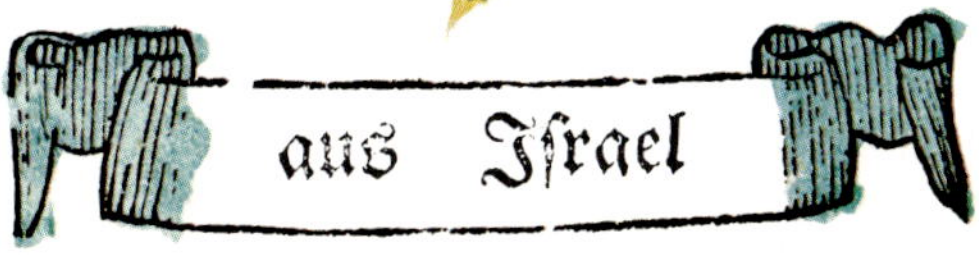

aufkommen.

Es wird ein *Stern* aus Jacob aufgehen, und ein *Scepter* aus Iſrael aufkommen.

Du ſollt den  deinen

GOTT lieb haben, von ganzem

von ganzer Seele, und von allem Vermögen.

Du ſollt den *Herrn* deinen Gott lieb haben von ganzem *Herzen*, von ganzer Seele, und von allem Vermögen.

Du ſollt dem

der da

nicht das

verbinden.

Du ſollt dem *Ochſen*, der da *driſchet*, nicht das *Maul* verbinden.

lich lieb hab ich Dich

meine  mein

meine 

Mein Erretter,

mein 

mein Hort,

auf den ich traue.

---

*Herz*lich lieb hab ich Dich, *Herr* meine *Stärke*, mein *Fels*, meine *Burg*, mein Erretter, mein *Gott*, mein Hort, auf den ich traue.

Joſua ſprach:

Stehe ſtille zu

und  im Thal

Ioſua ſprach: *Sonne* ſtehe ſtille zu Gibeon! und *Mond* im Thal Ajalon!

Josua richtete

XII  auf

mitten im Jordan;

da die 

der  gestanden

waren, die die

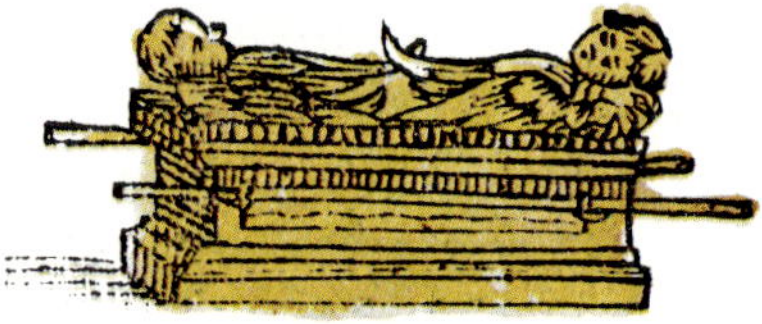

trugen.

Josua richtete *zwölf Steine* auf mitten im Jordan; da die *Füsse* der *Priester* gestanden waren, die die *Lade des Bundes* trugen.

Simon fand einen faulen

und reckte seine  aus,

und nahm ihn, und schlug

damit **M.** 

und sprach: Da liegen sie bey

Simson fand einen faulen *Esels-Kinnbacken* und reckte seine *Hand* aus, und nahm ihn, und schlug damit *tausend Mann*, und sprach: da liegen sie bey *Haufen*.

Der

mache das

das in

dein  kommt,

wie Rahel und Lea.

Der *Herr* mache das *Weib*, das in dein *Hauſs* kommt, wie Rahel und Lea.

Hanna, die Mutter Samuels, betete: Mein  ist frölich in dem HErrn, mein 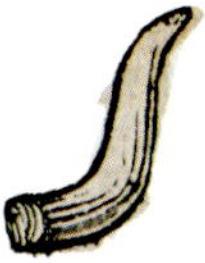 ist erhö=het in dem 

mein  hat sich weit aufgethan über meine Feinde, denn ich freue mich deines Heils.

Hanna, die Mutter Samuels, betete: Mein *Herz* ist frölich in dem HErrn, mein *Horn* ist erhöhet in dem HErrn, mein *Mund* hat sich weit aufgethan über meine Feinde, denn ich freue mich deines Heils.

Saul ſuchte die verlohrnen

und Samuel ſalbete ihn auf Befehl des Herrn

zum

über Iſrael; da jauchzete

alles

und ſprach:

Glück zu! dem

Saul ſuchte die verlohrnen *Eſelinnen* und Samuel ſalbete ihn auf Befehl des Herrn zum *König* über Iſrael; da jauchzete alles *Volk* und ſprach: Glück zu! dem *Könige.*

David sprach:

Lasset uns in die 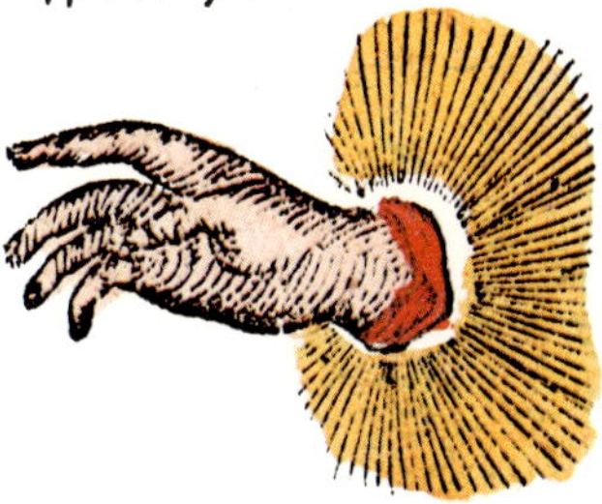

des 

fallen,

denn seine Barmherzigkeit ist groß.

Ich will nicht

in der   fallen.

David sprach: Lasset uns in die *Hand* des *HErrn* fallen, denn seine Barmherzigkeit ist groſs. Ich will nicht in der *Menschen Hände* fallen.

Das  Salomonis

kam in drei Jahren einmal, und

brachte   

und

Das *Schif* Salomonis kam in drei Jahren einmal, und brachte *Gold*, *Silber*, *Elfenbein*, *Affen* und *Pfauen*.

Der HErr öfnete dem 

seine  daß er sahe,
und siehe, da war der

voll feuriger  und

um Elisa her.

Der Herr öfnete dem *Knaben* seine *Augen* dafs er sahe, und siehe da war der *Berg* voll feuriger *Rofs* und *Wagen* um Elisa her.

Das ganze Iſrael brachten

die  des Bundes

des Herrn hinauf, mit Jauchzen,

mit hellen  mit Pſalter

und 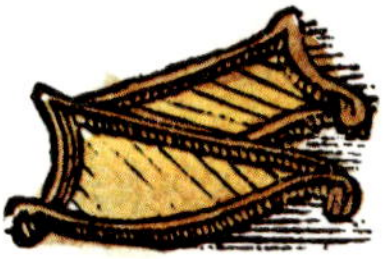

Das ganze Iſrael brachten die *Lade des Bundes* des Herrn hinauf, mit Jauchzen, *Poſaunen*, *Trompeten*, mit *hellen Zimbeln*, mit Pſalter und *Harpfen*.

wir wiſſen nicht, was wir thun ſollen:

Sondern unſere

ſehen

HERR, wir wiſſen nicht, was wir thun ſollen, ſondern unſre *Augen* ſehen nach Dir.

Der Gott, der in dem

wohnet, bringe um

alle  und

das Volk, das seine

 ausrecket, zu brechen

das  Gottes.

Der Gott, der in dem *Himmel* wohnet, bringe um alle *Könige*, und das Volk, das seine *Hand* ausrecket, zu brechen das *Haus* Gottes.

Mit einer  baueten

ſie die

zu Jeruſalem, und in der andern

hielten ſie 

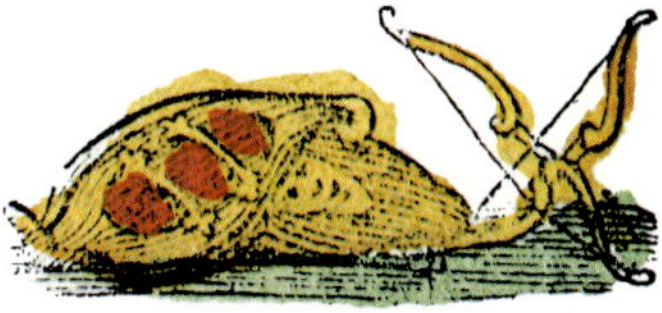 und 

und jeder hatte ſein

an ſeine Lenden gegürtet.

Mit einer *Hand* baueten ſie die *Mauer* zu Jeruſalem, und in der andern hielten ſie *Spiſſe*, *Schild*, *Bogen* und *Panzer*, und jeder hatte ſein *Schwerd* an ſeine Lenden gegürtet.

Der  sahe die 

Esther, und sie fand Gnade für seinen

und er reckete den güldenen

in seiner  gegen sie.

Der *König* sahe die *Königin* Esther, und sie fand Gnade für seinen *Augen*. und er reckete den güldenen *Scepter* in seiner *Hand* gegen sie.

 war mein 

das ich anzog wie einen 

und mein Recht war mein fürst-
licher . Ich war des
Blinden  und
des  

Gerechtigkeit war mein *Kleid*, das ich anzog wie einen *Rock*, und mein Recht war mein fürstlicher *Hut*. Ich war des Blinden *Auge*, und des *Lahmen Fuſs*.

Lobet den HErrn mit

und mit Psalmen, mit

 und 

Jauchzet für dem HERRN,

dem 

Lobet den *HErrn* mit *Harpfen* und mit Psalmen, mit *Trompeten* und *Posaunen*. Jauchzet für dem Herrn, dem *Könige*.

Der 

hasset

hohe  falsche 

die unschuldig Blut vergiessen;

Ein  das mit

bösen Tücken umgehet;

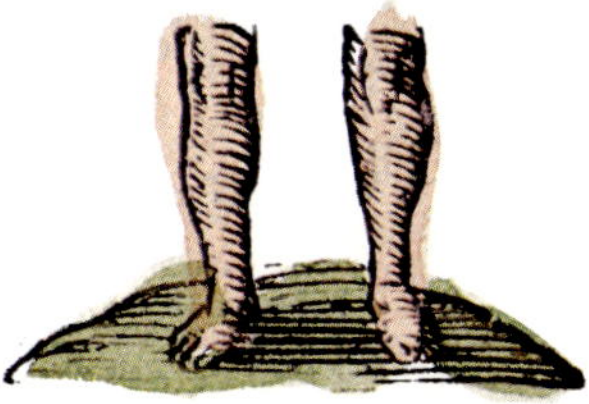

die behend sind, Schaden zu thun.

Der *Herr* hasset hohe *Augen*, falsche *Zungen*, *Hände*, die unschuldig Blut vergiessen. Ein *Herz*, das mit bösen Tücken umgehet; *Füsse* die behend sind, Schaden zu thun.

Spr. Sal. 26, v. 26.

Gib mir, mein Sohn, dein

und lasse deinen

meine Wege

Gib mir, mein Sohn, dein *Herz*, und lasse deinen *Augen* meine Wege wohlgefallen.

Gedenke an deinen

in deiner Jugend, ehe denn

die  und

das 

 und 

finster werden.

Gedenke an deinen Schöpfer in deiner Jugend, ehe denn die *Sonne* und das *Licht, Mond* und *Sterne* finster werden.

Setze mich

wie ein  auf dein

 und wie einen 

auf deinen 

denn  iſt ſtark

wie der 

Setze mich wie ein *Siegel* auf dein *Herz*, und wie einen *Ring* auf deinen *Arm*; denn *Liebe* iſt ſtark wie der *Tod*.

Ein  kennet

ſeinen  und ein 

die  ſeines 

aber Iſrael kennets nicht, und

mein  vernimmts nicht.

Ein *Ochs* kennet ſeinen *Herrn*, und ein *Eſel* die *Krippe* ſeines *Herrn*, aber Iſrael kennets nicht und mein *Volk* vernimmts nicht.

Ein  unter

dem  weiß seine Zeit,

eine   und 

merken ihre Zeit,
wenn sie wieder kommen sollen;

Aber mein  will das

Recht des HERRN nicht wissen.

Ein *Storch* unter dem *Himmel* weiss seine Zeit, eine *Turteltaube*, *Kranich* und *Schwalbe* merken ihre Zeit, wenn sie wieder kommen sollen; aber mein *Volk* will das Recht des HERRN nicht wissen.

Laſſet uns unſer

ſammt den

aufheben zu

im 

Laſſet uns unſer *Herz* ſammt den *Händen* aufheben zu Gott im *Himmel*.

Der 

sprach:

Nimm ein

scharf wie ein  und

fahre damit über dein

 und 

und nimm eine

und theile die Haare damit.

Der *Herr* sprach: Nimm ein *Schwerdt*, scharf wie ein *Scheermesser*, und fahre damit über dein *Haupt* und *Haar*, und nimm eine *Wage*, und theile die Haare damit.

Daniel sprach:

Mein 

hat

seinen  gesandt,

der den

den Rachen zugehalten hat.

Daniel sprach: Mein *Gott* hat seinen *Engel* gesandt, der den *Löwen* den Rachen zugehalten hat.

Allen Einwohnern wirds übel gehen, denn es werden

auch die  auf

dem  und

die  unter dem

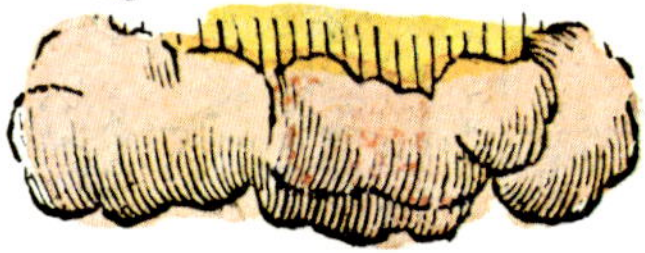

und die  im

weggerafft werden.

Allen Einwohnern wirds übel gehen, denn es werden auch die *Thiere* auf dem *Felde*, und die *Vögel* unter dem *Himmel*, und die *Fiſche* im *Meere* weggerafft werden.

So ſtehet

der  auch jåmmerlich,

und der  klåglich;

dazu die   

 und alle 

auf dem Felde ſind verdorret.

So ſtehet der *Weinſtock* auch jämmerlich, und der *Feigenhaum* kläglich; dazu die *Granatbäume*, *Palmbäume*, *Æpfelbäume*, und alle *Bäume* auf dem Felde ſind verdorret.

Der  ists, der die

machet;

den  schaffet,

und zeiget den  was er

reden soll.

Der *Herr* ists, der die *Berge* machet, den *Wind* schaffet, und zeiget den *Menschen*, was er reden soll.

Der Hochmuth

deines  zens hat dich

betrogen, weil du in den

 klüften

wohnest, in deinen hohen

Der Hochmuth deines *Herzens* hat dich betrogen, weil du in den *Felsenklüften* wohnest, in deinen hohen *Schlössern.*

Jona freuete sich sehr

über den , aber

der HERR verschaffte

einen , der stach den

daß er verdorrete

durch die  und einen

dürren Ost= 

Iona freuete sich sehr über den *Kürbis*, aber der HERR verschaffte einen *Wurm*, der stach den *Kürbis*, dass er verdorrete durch die *Sonne*, und einen dürren Ost-*Wind*.

Sie werden ihre

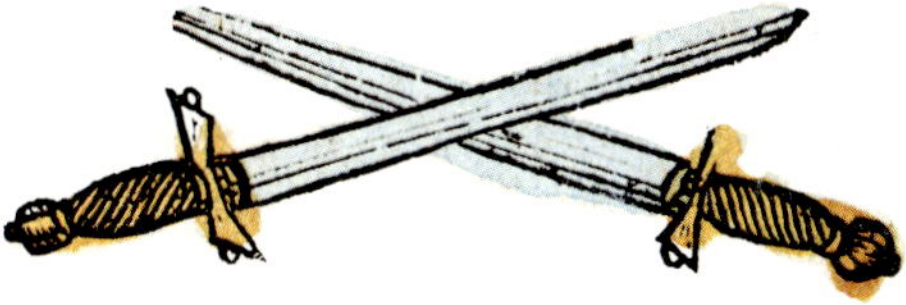

zu  ſchaaren und

ihre  zu  machen;

ein Jeglicher wird unter ſeinem

 und 

wohnen ohne Scheu.

Sie werden ihre *Schwerdter* zu *Pflugſchaa-ren* und ihre *Spieſse* zu *Sicheln* machen; ein jeglicher wird unter ſeinem *Weinſtock* und *Feigenbaume* wohnen ohne Scheu.

Siehe auf den

kommen  eines

guten , der

da  

Siehe auf den *Bergen* kommen *Füsse* eines guten *Bothen*, der da *Frieden prediget*.

Siehe, wer halsstarrig ist, wird keine Ruhe in seinem

haben: denn der

lebet seines

ens.

Siehe, wer halsstarrig ist, wird keine Ruhe in seinem *Herzen* haben: denn der Gerechte lebet seines *Glaubens*.

Alle

spricht der

soll durch meines Eifers

verzehret werden.

Alle *Welt*, ſpricht der *Herr:* ſoll durch meines Eifers *Feuer* verzehret werden.

Ich will beide

mit ihren 

umkehren, daß beide

 und 

herunter fallen ſollen,
ein Jeglicher durch des andern

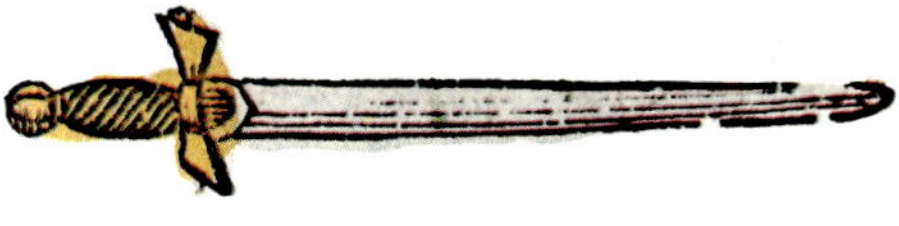

Ich will beide *Wägen* mit ihren *Reitern* umkehren, daſs beide *Roſs* und *Mann* herunter fallen ſollen, ein Jeglicher durch des andern *Schwerd*.

Du Tochter

jauchze;

siehe, dein  kommt zu dir,

ein Gerechter, und ein Helfer;
arm, und reitet

auf einem 

Du Tochter Jerusalem jauchze; siehe, dein *König* kommt zu dir, ein Gerechter, und ein Helfer; arm, und reitet auf einem *Esel*.

Siehe:

Ich will meinen  senden,

der für mir her den Weg bereiten soll: und bald wird kommen zu

seinem  der

den ihr suchet.

Siehe: ich will meinen *Engel* ſenden, der für mir her den Weg bereiten ſoll: und bald wird kommen zu ſeinem *Tempel* der *HERR*, den ihr ſuchet.

Judith flochte

ihre  ein,

Holofernem zu betrügen, ihre

schönen  verblendeten

ihn: Ihre Schönheit fieng sein

aber sie hieb ihm

den  ab.

Judith flochte ihre *Haare* ein, Holofernem zu betrügen, ihre schönen *Schuhe* verblendeten ihn: Ihre Schönheit fieng sein *Herz*, aber sie hieb ihm den *Kopf* ab.

hat den  geschaffen zum

ewigen Leben, aber durch des

 s Neid ist der 

in die  kommen.

Gott hat den *Menschen* geschaffen zum ewigen Leben, aber durch des *Teufels* Neid ist der *Tod* in die *Welt* kommen.

Dein Lebenlang habe

Gott vor  und im

und hüte dich, daß du in keine
Sünde willigest, und thust
wieder Gottes

Dein Lebenlang habe Gott vor *Augen* und im *Herzen*, und hüte dich, daſs du in keine Sünde willigeſt, und thuſt wider Gottes *Gebot*.

O daß ich konnte ein

an meinen  legen, und

ein feſt  auf

mein  drücken,

daß ich dadurch nicht zu Fall käme,

und meine  mich nicht

verderbete.

O daſs ich könnte ein *Schloſs* an meinen *Mund* legen, und ein feſt *Siegel* auf mein *Maul* drücken, daſs ich dadurch nicht zu Fall käme, und meine *Zunge* mich nicht verderbete.

Es kommt alles von

und

und

Es kommt alles von *Gott*, *Glük* und *Unglük*, *Leben* und *Tod*.

Neige HERR dein  und

höre doch: thue auf

deine   und siehe doch:

denn die  in der Hölle

rühmen nicht die Herrlichkeit und

die  des HERRN.

Neige HERR dein *Ohr*, und höre doch: thue auf deine *Augen*, und siehe doch: denn die *Toden* in der Hölle rühmen nicht die Herrlichkeit und die *Gerechtigkeit* des HERRN.

Ein jeder

trug einen hölzernen

darinnen waren je

XXXII 

und der  ſo die Beſtie regierte.

Ein jeder *Elephant* trug einen hölzernen *Thurm*, darinnen waren je *zwei und dreiſig Mann*, und der *Mohr*, ſo die Beſtie regierte.

Die Maccabåer reinigten

den  und

machten einen andern

zündeten die  an,

und legten

die Schau= 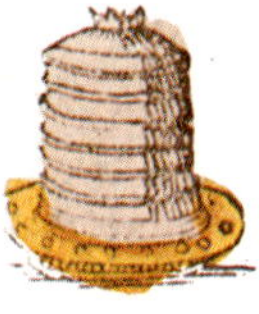 darauf.

Die Maccabäer reinigten den *Tempel*, und machten einen andern *Altar*, zündeten die *Lampen* an, und legten die *Schau-Brode* darauf.

Haman nahm das

und

und zog es Mardachai an, und
führte ihn auf der Stadt Gassen,
und rief vor ihm her:
So wird man thun

dem

, den der

gerne ehren wollte.

Haman nahm das *Kleid* und *Roſs*, und zog es Mardachai an, und führte ihn auf der Stadt Gaſſen, und rief vor ihm her: So wird man thun dem *Manne*, den der *König* gerne ehren wollte.

Susanna weinete

und hub die  auf

gegen den

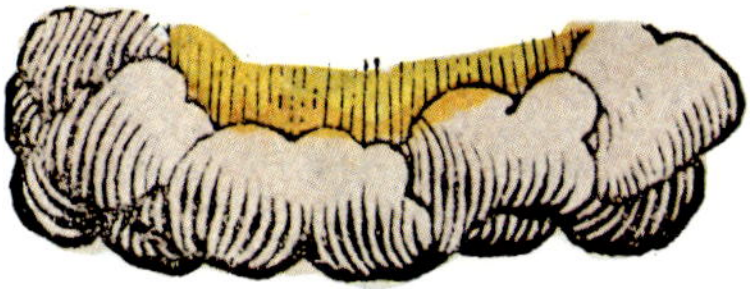

denn ihr

hatte ein Vertrauen zu dem HERRN.

Susanna weinete und hub die *Augen* auf gegen den *Himmel*, denn ihr *Herz* hatte ein Vertrauen zu dem HERRN.

Da ſprachen

die  Bels:

Du Herr  ſollſt die

 und den 

ſelbſt darſezen, und die  nach

dir zuſchließen, und mit deinem

eigenen  verſiegeln.

Da ſprachen die *Prieſter* Bels: Du Herr *König* ſollſt die *Speiſe* und den *Trank* ſelbſt darſezen, und die *Thür* nach dir zuſchlieſsen, und mit deinem eigenen *Ring* verſiegeln.

Daniel  antwortete:

Du aber,

Herr erlaube mir, so

will ich diesen  umbringen,

ohne einig

oder

Daniel antwortete: Du aber, Herr *König* erlaube mir, so will ich diesen *Drachen* umbringen, ohne einig *Schwerdt* oder *Stange*.

Mit betrübten 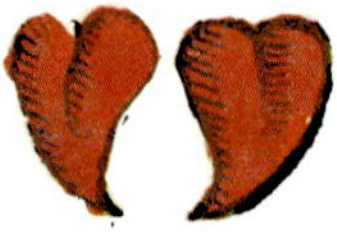 und zer=

schlagenem Geiste kommen wir für dich, als brächten wir Brandopfer von

und  und

viel tausend

fetter 

Mit betrübten *Herzen* und zerschlagenem Geiste kommen wir für dich, als brächten wir Brandopfer von *Widdern* und *Rindern*, und viel tausend fetter *Schaafe*.

Da fiengen diese

drei  mit einander

an zu singen;

preiseten und lobeten Gott

in dem 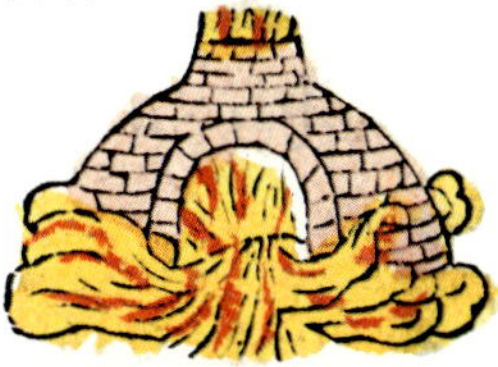 und spra-

chen: Gelobet seyst du HERR,

der 

unserer Väter,

und müssest gepreiset und hoch

gerühmet werden ewiglich.

Da fiengen diese *drei Männer* mit einander an zu singen; preiseten und lobeten Gott in dem *Ofen*, und sprachen: Gelobet seyst du Herr, der GOTT unserer Väter, und müssest gepreiset und hoch gerühmet werden ewiglich.

Ich habe geſündiget,
und meiner Sünde iſt mehr denn
des  es am

und bin gekrümmet in ſchweren
eiſernen  nnd habe keine

Ich habe geſündiget, und meiner Sünde iſt mehr denn des *Sandes* am *Meere*, und bin gekrümmet in ſchweren eiſernen *Ketten* und habe keine Ruhe.

Siehe!
ich verkündige euch grosse Freude,

die allem  wiederfahren

soll, denn euch ist heute der Heiland
gebohren,

welcher ist  der HERR

in der

Siehe! ich verkündige euch grosse Freude, die allem *Volke* wiederfahren soll, denn euch ist heute der Heiland gebohren, welcher ist *Christus*, der HERR in der *Stadt Davids*.

Die Hirten kamen eilend, und fanden beide

und

dazu das

in der  liegend.

Die Hirten kamen eilend, und fanden beyde *Maria* und *Joseph*, dazu das *Kind* in der *Krippe* liegend.

siehet

zu sich kommen und spricht: Siehe! das ist

welches der

Sünde trägt.

Johannes siehet *JESUM* zu sich kommen und spricht: Siehe! das ist *Gottes-Lamm*, welches der *Welt* Sünde trägt.

Die Tochter der Herodias gieng
bald hinein mit Eile

zum  , bath und ſprach:

Ich will, daß du mir gebeſt jetzt
ſo bald auf einer

 das 

des Taufers.

Die Tochter der Herodias gieng bald hinein mit Eile zum *Könige*, bath, und ſprach: Ich will, daſs du mir gebeſt jezt ſo bald auf einer *Schüſſel* das *Haupt Iohannis* des Täufers.

Das Reich 

ist

einem Senftkorn gleich,
welches ein Mensch nahm,

und warffs in seinen 

und es wuchs, und ward

ein grosser  und die

 des 

wohneten unter

seinen 

Das Reich *Gottes* ist einem Senftkorn gleich, welches ein Mensch nahm, und warfs in seinen *Acker*, und es wuchs, und ward ein grosser *Baum*, und die *Vögel* des *Himmels* wohneten unter seinen *Zweigen*.

ſpricht: Wie oft habe ich eure

verſammlen wollen,

wie eine  verſammlet

ihre  unter ihre

Chriſtus ſpricht: Wie oft habe ich eure *Kinder* verſammeln wollen, wie eine *Henne* verſammlet ihre *Küchlein* unter ihre *Flügel.*

Machet

die  weit,

und die

in der  hoch,

daß der  der Ehren

einziehe.

Machet die *Thore* weit, und die *Thüren* in der *Welt* hoch, daſs der *König* der Ehren einziehe.

Pilatus nahm JESUM, und geißelte ihn, und die

Kriegs-  flochten eine

 von  und sezten

sie auf sein  und legten

ihm ein Purpur-  an.

Pilatus nahm JESUM und geiselte ihn, und die *Kriegsknechte* flochten eine *Krone* von *Dornen*, und sezten sie auf sein *Haupt*, und legten ihm ein Purpur-*Kleid* an.

Also gieng  heraus, und

trug eine Dornen=  und

Purpur=  und Pilatus

spricht zu ihnen: Sehet,

welch ein 

Also gieng *Jesus* heraus, und trug eine *Dornen-Krone*, und Purpur-*Kleid*, und Pilatus spricht zu ihnen: Sehet, welch ein *Mensch*.

Die  nahmen

und führeten ihn hin,

und er trug sein  und gieng

hinaus zur Schädelstätte,
allda kreuzigten sie ihn.

Die *Kriegsknechte* nahmen *Jesum*, und führeten ihn hin, und er trug sein *Kreuz* und gieng hinaus zur Schädelstätte, allda kreuzigten sie ihn.

Joh. 19, v. 38 bis 41.

Joseph und Nicodemus

nahmen den Leichnam

vom

wickelten ihn in leinene Tücher,

mit Spezereyen, und legten ihn

in ein neu

Joseph und Nicodemus nahmen den Leichnam *JESU* vom *Kreuze*, wickelten ihn in leinene Tücher mit Specereyen, und legten ihn in ein neu Grab.

Zween  in

weiſen 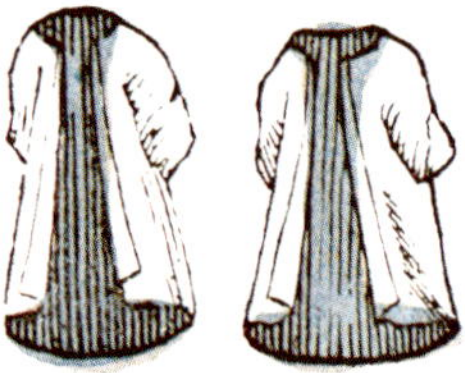 ſprachen

zu den 

was ſuchet ihr den Lebendigen

bei den 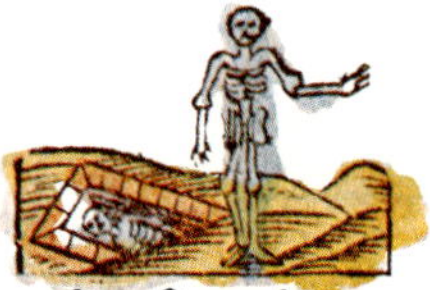 er iſt nicht hier,

er iſt auferſtanden.

Zween *Engel* in weiſen *Kleidern* ſprachen zu den *Weibern*: was ſuchet ihr den Lebendigen bei den *Toden*, er iſt nicht hier, er iſt auferſtanden.

Der Herr  führete

seine   hinaus

bis gen Bethania,

und hub die  auf,

und segnete sie,
und es geschah, da er sie segnete,
schied er von ihnen,
und fuhr auf gen 

Der Herr *Christus* führete seine *Jünger* hinaus bis gen Bethania, und hub die *Hände* auf, und segnete sie, und es geschah, da er sie segnete, schied er von ihnen, und fuhr auf gen *Himmel*.

Am Tage der Pfingſten geſchahe ein Brauſen

vom  als eines gewal-

tigen  und

erfüllete das 

da die Junger ſaßen, und man

ſahe an ihnen die 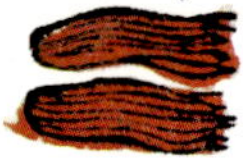 zertheilet,

als wären ſie feurig, und wurden alle voll des Heiligen Geiſtes.

Am Tage der Pfingſten geſchah ein Brauſen vom *Himmel*, als eines gewaltigen *Windes*, und erfüllete das *Haus*, da die Iünger ſaſsen, und man ſahe an ihnen die *Zungen* zertheilet, als wären ſie feurig, und wurden alle voll des Heiligen Geiſtes.

Der lebendige 

hat

uns vom

gegeben  und

fruchtbare Zeiten;

unsere  erfüllet

er mit Speise und Freuden.

Der lebendige *Gott* hat uns vom *Himmel* gegeben *Regen* und fruchtbare Zeiten; unsere *Herzen* erfüllet er mit Speise und Freuden.

Das Reich Gottes ist

und

und Freude im Heiligen

Das Reich *Gottes* ist *Gerechtigkeit* und *Friede* und Freude im *Heiligen Geist*.

Wiſſet ihr nicht,

daß euer  ein

des Heiligen  iſt,

der in euch iſt, welchen ihr habt

von 

Wiſſet ihr nicht, daſs euer *Leib* ein *Tempel* des *Heiligen Geiſtes* iſt, der in euch iſt, welchen ihr habt von *Gott*.

Es hat

kein  geſehen,

und kein  gehöret,

und iſt in keines Menſchen

kommen; was Gott bereitet hat,
denen die ihn lieben.

Es hat kein *Auge* geſehen und kein *Ohr* gehöret, und iſt in keines Menſchen *Herz* kommen; was Gott bereitet hat, denen die ihn lieben.

Ziehet nicht am fremden

mit den Un-  -igen,

denn was hat das

für Gemeinschaft mit der

Ziehet nicht am fremden *Jock* mit den *Unglaubigen*, denn was hat das *Licht* für Gemeinschaft mit der *Finsterniss*.

Wo bittet

unter euch ein  den
Vater ums , daß er
ihm einen , oder um
einen , daß er
ihm eine , oder
um ein , daß er
ihm einen  dafür
biete.

Wo bittet unter euch ein *Sohn* den Vater ums *Brod*, daſs er ihm einen *Stein*, oder um einen *Fiſch*, daſs er ihm eine *Schlange*, oder um ein *Ey*, daſs er ihm einen *Scorpion* dafür biete.

Es ſey ferne von mir rühmen,
denn allein

von dem  unſers

Herrn Jeſu Chriſti
durch welchen

mir die  gekreuziget iſt,

und ich der 

Es ſey ferne von mir rühmen, denn allein von dem *Kreuze* unſers Herrn Jeſu Chriſti, durch welchen mir die *Welt* gekreuziget iſt, und ich der *Welt*.

Ziehet an

den  Gottes,

ergreifet

den  des Glaubens,

mit welchem ihr auslöschen könnet

alle feurige  des Böſewichts,

nehmet den  des Heils,

und das  des Geiſtes.

Ziehet an den *Harniſch* Gottes, ergreifet den *Schild* des Glaubens, mit welchem ihr auslöſchen könnet alle feurige *Pfeile* des Böſewichts, nehmet den *Helm* des Heils, und das *Schwerd* des Geiſtes.

Christus

erniedrigte sich selbst,
und ward gehorsam bis zum

ja zum  am 

Jesus Christus erniedrigte sich selbst, und ward gehorsam bis zum *Tode*, ja zum *Tode* am *Kreuz.*

Bleibet

im  gegründet,

und feste, und unbeweglich

in der  des

Evangelii.

Bleibet im *Glauben* gegründet, und feste, und unbeweglich in der *Hofnung* des Evangelii.

Wir gedenken
an eure Werke im

und an eure Arbeit in der

,und an eure

in der

Wir gedenken an eure Werke im *Glauben*, und an eure Arbeit in der *Liebe*, und an eure *Geduld* in der *Hofnung*.

Der Herr  wird

offenbaret werden

vom , ſamt

den 

ſeiner Kraft,

und mit 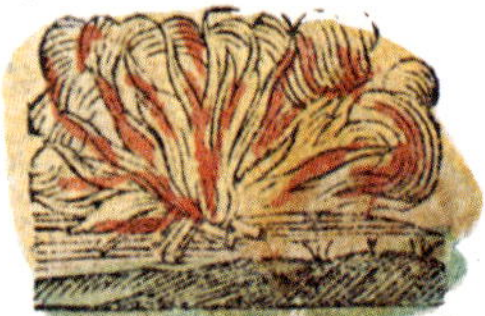 Flammen

Rache zu geben, über die, ſo Gott nicht erkennen.

Der Herr *Jeſus* wird offenbaret werden vom *Himmel*, ſamt den *Engeln* ſeiner Kraft, und mit *Feuer-Flammen*, Rache zu geben über die, ſo Gott nicht erkennen.

Die Haupt-Summa

des 

ist  von

reinem

und von gutem Gewissen,
und von ungefärbtem Glauben.

Die Haupt-Summa des *Gebots* ist *Liebe* von reinem *Herzen*, und von gutem Gewissen, und von ungefärbtem Glauben.

Ich habe  gehalten,

hinfort ist mir beygelegt

die 

der , welche mir

der , der gerechte

Richter, an jenem Tage geben wird.

Ich habe *Glauben* gehalten, hinfort ist mir beigelegt die *Krone* der *Gerechtigkeit*, welche mir der *Herr*, der gerechte Richter, an jenem Tage geben wird.

Ein  soll

untadelich seyn, als

ein  halter

Gottes,

nicht eigensinnig, nicht zornig,
nicht ein Weinsäufer,
nicht pochen, nicht unehrliche
Handthierung treiben.

Ein *Bischof* soll untadelich seyn, als ein *Haus*halter *Gottes*, nicht eigensinnig, nicht zornig, nicht in Weinsäufer, nicht pochen, nicht unehrliche Handthierung treiben.

Ich danke meinem

nachdem ich höre von der

und dem

welchen du hast an den

HErrn

Ich danke meinem *Gott*, nachdem ich höre von der *Liebe* und dem *Glauben*, welchen du hast an den Herrn *Jesum*.

Seyd nüchtern und wachet,
denn euer Widersacher,

der  , gehet umher,

wie ein

brüllender  , und

suchet, welchen er verschlinge.
Dem widerstehet fest

im 

Seyd nüchtern und wachet, denn euer Widersacher, der *Teufel*, gehet umher, wie ein brüllender *Löwe*, und suchet, welchen er verschlinge. Dem widerstehet fest im *Glauben*.

Wendet allen enren Fleiß daran,
und reichet dar

in eurem  Tugend,

und in der Tugend Bescheidenheit,
und in der Bescheidenheit

und in der Mäßigkeit brüderliche
Liebe.

Wendet allen euren Fleiſs daran, und reichet dar in eurem *Glauben* Tugend, und in der Tugend Beſcheidenheit, und in der Beſcheidenheit *Mäſigkeit*, und in der Mäſigkeit brüderliche Liebe.

Alles,

was von 

gebohren

ist, überwindet die

und unser  ist der

Sieg,

der die  überwunden

hat.

Alles, was von *Gott* gebohren ist, überwindet die *Welt*, und unser *Glaube* ist der Sieg, der die *Welt* überwunden hat.

Viel Verführer

sind in die  kommen,

die nicht bekennen

 Christum,

daß er in das Fleisch

Viel Verführer ſind in die *Welt* kommen, die nicht bekennen *Jeſum Chriſtum*, daſs er in das Fleiſch kommen iſt.

Johannes spricht:

Ich habe keine größere Freude,
denn die,
daß ich höre meine

in der Wahrheit wandeln.

Johannes spricht: Ich habe keine grössere Freude, denn die, dass ich höre meine *Kinder* in der Wahrheit wandeln.

Wir halten
an der angebotenen

welche wir haben:
als an einem sichern und festen

unsrer Seelen.

Wir halten an der angebotenen *Hoffnung*, welche wir haben: als an einem ſichern und feſten *Anker* unſrer Seelen.

So jemand ist ein Hörer des Worts, und nicht ein Thäter, der ist

gleich einem  **der sein**

leiblich 

im  **beschauet,**

und vergißet, wie er gestaltet war.

So jemand ist ein Hörer des Worts, und nicht ein Thäter, der ist gleich einem *Mann*, der sein leiblich *Angesicht* im *Spiegel* beschauet, und vergisset, wie er gestaltet war.

Die Unfläter sind 

ohne  von

dem  um=

getrieben, kahle unfruchtbare

zweymal erstorben,

und ausge  t,

wilde Wellen

des 

irrige * * * * * * * * * * * *

Die Unfläter sind *Wolken* ohne *Wasser*, von dem *Winde* umgetrieben, kahle unfruchtbare *Bäume*. zweymal erstorben, und ausge*wurzelt*, wilde Wellen des *Meeres*, irrige *Sterne*.

Off. Joh. 5, v. 5.

Siehe,
es hat überwunden

der  , der da

ist vom Geschlechte Juda,

die  Davids,

aufzuthun das  und zu

brechen seine sieben

Siehe, es hat überwunden der *Löwe*, der da ist vom Geschlechte Juda, die *Wurzel* Davids, aufzuthun das *Buch*, und zu brechen seine sieben *Siegel*.

Sey getreu bis in den

so will ich dir die

des  geben.

Sey getreu bis in den *Tod*, so will ich dir die *Krone* des *Lebens* geben.

Fleuch für der Sünde,

wie für einer 

ihre Zähne ſind wie

 Zähne.

Eine jegliche Sünde iſt

wie ein ſcharf

und verwundet,

daß niemand heilen kann.

Fleuch für der Sünde, wie für einer *Schlange*, ihre Zähne ſind wie *Löwen-Zähne*. Eine jegliche Sünde iſt wie ein ſcharf *Schwerd*, und verwundet, daſs niemand heilen kann.

Es ist die  den

 schon an die 

gelegt:

darum welcher  nicht

gute  bringet,

wird abgehauen,

und ins  geworfen.

Es ist die *Axt* den *Bäumen* schon an die *Wurzel* gelegt: darum welcher *Baum* nicht gute *Früchte* bringet, wird abgehauen und ins *Feuer* geworfen.

Des Menschen Sohn wird
kommen in seiner Herrlichkeit und
alle

Heil. 

mit ihm, und er wird

die  zu seiner

Rechten stellen,

und die  zur

Linken.

Des Menschen Sohn wird kommen in seiner Herrlichkeit und alle *Heilige Engel* mit ihm, und er wird die *Schaafe* zu seiner Rechten stellen, und die *Böcke* zur Linken.

Die Gnade unsers HErrn

Die Liebe GOTTES des

und die Gemeinschaft des

Heiligen  sey

mit euch allen. Amen.

Die Gnade unsers HErrn *Jesu*, die Liebe Gottes des *Vaters* und die Gemeinschaft des *Heiligen Geistes* sey mit euch allen. Amen.

Nachwort

Von Hubert Göbels

I.

Die erste Frage, die der Pfarrherr Michael Sachs aus Williger in „Das ander Theil des Christlichen Zeitvertreibers oder Geistlichen Rätzelbuchs“, Dresden 1597, den jungen Lesern aufgibt, lautet: „Was heist das Wort Bibel?“ Antwort: „In gemein heist es ein Buch / darinnen etwas schrifftliches verfasset ist.“ Als „Rätzelbuch“ mit Fragen und Antworten ist der „Christliche Zeitvertreiber“ ein Versuch, „der Jugend und Einfeltigen zu nötiger / nützer und lieblicher ubung“ die Kenntnis der Bibel – in alter Zeit das vornehmste, zumeist das einzige Buch auch für die Jugend – zu vermitteln.
Mit Werken wie „Seelentrost“ (1478), „Christlicher Zeitvertreiber“ (1594/97), „Geistliche Kindermilch, Oder Einfältiger Christen Hauß-Apoteck / Daraus das himmlische Manna und die heylsame Artzeney der Seelen fürgetragen wird / denen die JEsum / den bewehrtesten Seelen-Artzten lieben“ (Hamburg 1648), „Zweymahl zwey und funffzig Auserlesene Biblische Historien Aus dem Alten und Neuen Testamente, Der Jugend zum Besten abgefasset von Johann Hübnern“ (Leipzig 1721), „Geistliches Raethsel- und Exempel-Büchlein für die Kinder“ (Zürich, um 1750), „Lehrreiches Exempel-Buch, Das ist: Auserlesene von theils frommen, theils ungerathenen Kindern, nicht weniger, zur Marianischen Andacht bewegende, und andere merckwürdige Begebenheiten, sinnreiche Reden unterschiedlicher Personen, lehrreiche Fabeln, zur Aufmunterung Christ-Catholischer Jugend, wie auch denen Erwachsenen zu ihrer Seelen Heil, ein nutzlicher Zeitvertreib als ein Haus- und Les-Buch“ (Dritte Auflage, Augsburg 1764) beginnt die Entwicklung der religiösen Jugendliteratur.[1] In dieser kommt im lese- und bilderfreudigen 18. Jahrhundert der sog. Bilder-Bibel besondere Bedeutung zu; denn „dem Drange des Kindes nach Bildern entsprach zu damaliger Zeit vor allem die Bibel, und erst recht dann, als die Buchdruckerkunst sie mit Holzschnitten und Kupfern ausstattete. Der Bücherschatz unserer Ureltern war im allgemeinen bescheiden, eine Bilderbibel aber gehörte dazu, sofern überhaupt etwas Lesbares da war[2].“

II

Ein theologisches Nachschlagewerk erklärt die Bilder-Bibel als „Textbibel mit erläuternden Bildern, auch Folge v. Darstellungen bibl. Begebenheiten ohne od. mit knappem Text[3]". Diese allgemeine Umschreibung des Begriffs wird allerdings durch den Vergleich von Bilder-Bibeln unterschiedlichen Charakters geklärt werden müssen. Dabei wird sich zeigen, daß neben einer Mehrzahl von die biblischen Historien abbildenden Folgen u. a. auch Bilder-Bibeln mit zeichenhafter Bildausstattung im Druck erschienen.

So kam 1749 in Nürnberg ein Jugendbuch heraus, das sich auf schwarz-rotem Titel so vorstellte: „Curieuse und mit vielen Bildern erläuterte Biblische Kern-Sprüche / oder so genannte Bilder-Bibel / Dem Gemüth zur Ergetzung / der lieben Jugend zu Erlernung eines jeden Dinges, mit seinem rechten Namen zu benennen; Wie nicht weniger die Sprüche Heil. Schrifft ohne Mühe ins Gedächtnus zu bringen". – 1756 wurde das Buch unter einem abgewandelten Titel neu herausgebracht: „Curieuse Bilder-Bibel oder die vornehmsten Sprüche heiliger Schrifft in Figuren vorgestellt wodurch der zarten Jugend dieselben spielend in das Gedächtniß gebracht und zugleich die vornehmsten Dinge in der Welt nach ihrer Gestalt und Ansehen auf eine angenehme und ergötzende Art bekannt gemacht werden". Frontispiz und Vorwort der Auflage von 1749 wurden in die Auflage von 1756 übernommen. – Seebaß[4] nennt überdies eine Ausgabe von 1737, die in ihrem Titel der von 1749 entspricht.

Mit beiden nächstverwandt ist eine Bilder-Bibel, die 1720 „uit de Hoogduitsche in de Hollandsche taal overgezet" und in Amsterdam herausgebracht wurde: „De Kleine Print-Bybel. Waar in door verscheide afbeeldingen een meenigte van Bybelsche spreuken verklaart werden. Tot vermaak der Jeugd, en om te leeren elken zaak naaukeurig af te schetzen, en by haar regte naam te noemen, ook de spreuken der H. Schrift by na zonder moeite in de geheugenis te brengen[5]".

Das Erscheinungsjahr dieses aus dem Hochdeutschen übersetzten Buches läßt den Schluß zu, daß seine Vorlage bereits vor 1720 auf dem deutschen Buchmarkt vorgelegen haben muß. – 1789 kam in Dublin die „vierte, verbesserte Auflage" eines englischen Bibel-Büchleins der beschriebenen Art heraus, „A curious Hieroglyphic Bible", 1970 als Reprint wieder vorgelegt[6]. Im Vorwort der Neuausgabe teilt der Herausgeber mit, diese „Hieroglyphick Bible" sei erstmals 1687 in Augsburg veröffentlicht worden, und es habe deutsche, französische und dänische

Ausgaben gegeben. Die erste englische Ausgabe habe T. Hodgson 1780 in London herausgebracht. Davon gab es 1794 bereits dreizehn Auflagen und bis 1812 insgesamt zwanzig, nicht gerechnet Raubdrucke und Nachdrucke in der Provinz, darunter auch die – angeblich „vierte“ – Dubliner Ausgabe und sogar eine Ausgabe in Boston, USA.
Im Anschluß an dieses Nachwort werden von den beiden angeführten deutschsprachigen Ausgaben, von der holländischen und der Dubliner englischen Ausgabe je das Titelblatt und eine weitere Buchseite abgebildet (Seiten 141–149). Erstaunlich, welch außergewöhnlichen Zuspruch die den Kindern zugedachten „Curieuse Bilder-Bibel“, „Print-Bybel“ oder „Hieroglyphick Bible“ – Titel für ein und dieselbe Buchgestalt – während des 18. Jahrhunderts in protestantischen Gebieten Europas und bis hin in die Neue Welt erfuhren.

III

Die vorgestellten Bilder-Bibeln erzählen in den deutschsprachigen Ausgaben der Jahrhundertmitte sowie in der älteren holländischen nun nicht etwa der Reihe nach die biblischen Ereignisse des Alten und Neuen Testaments, sie reihen vielmehr ohne erkennbare Systematik, eher schon durch Stichworte verbunden, „Biblische Kern-Sprüche“ oder „Bybelsche spreuken“ aneinander. So schließt sich auf Seite 116 der beiden deutschen Ausgaben (vgl. die Abbildung S. 147) an die Erwähnung von Ochs und Esel Lk 13,5 assoziativ das Krippen-Wort Lk 2,16 an: „Die Hirten kamen eilend und funden beyde Mariam, und Joseph, darzu das Kind JEsum in der Krippen liegen.“ Das Verschen am Fuß der Seite „Seelig, wer kan mit den Hirten / Jesum finden und bewirthen“ zeigt auch, wie diese „Biblischen Kern-Sprüche“ zu verstehen sind, nämlich als Anregung zur persönlichen Erbauung. (Insofern sind diese „Kern-Sprüche“ vergleichbar den Losungen, die der Graf Zinzendorf 1728 in der Brüdergemeinde zuerst einführte.)
Demgegenüber enthält die Dubliner Ausgabe von 1789 in ihren „select passages“ biblisches Geschehen in Kurzfassung, beginnend mit der Schöpfung und endend mit der Erlösung der Menschheit. In diesem Abriß der biblischen heiligen Geschichte ist Spruchgut der Schrift, „select moral doctrines“, eingestreut.
Beide unterschiedlichen biblischen Florilegien werden jedoch nach dem gleichen eigentümlichen Gestaltungsprinzip vorgestellt: Die Bibelworte werden in einer Mischung aus Schrift- und Bildzeichen wiedergegeben, die Schriftzeichen in Buchdruck, die eingestreuten Bilder in Holzschnitt,

oder aber komplette Buchseiten sind in Kupfer gestochen. Dabei steht in der Regel ein Bildzeichen für einen Begriff (bei zusammengesetzten Wörtern kann das Bild daher auch einmal einen Wortteil wiedergeben). Das gilt auch für die spätere englische Ausgabe, die allerdings gelegentlich in eine herkömmliche Illustration der betreffenden biblischen Geschichte ausweicht (vgl. die Abbildung S. 149).

Da Bilder-Bibeln dieser Art wohl vornehmlich Lern-Büchlein sein sollten, verdient ihre didaktische Konzeption besonderes Interesse. Im Titel der Ausgabe von 1749 ist eine dreifache lesepädagogische Absicht formuliert: Das Buch soll dienen „dem Gemüth zur Ergetzung", außerdem „zu Erlernung eines jeden Dinges, mit seinem rechten Namen zu benennen", und schließlich möchte das Büchlein helfen, „die Sprüche Heil. Schrifft ohne Mühe ins Gedächtnus zu bringen". Beim Angehen dieser sowohl affektiven als auch kognitiven Lernziele kommt den beigegebenen Bildern eine eigentümliche Wirkkraft zu, wie der „Vorbericht" von 1749 als didaktisch-methodischer Schlüssel deutlich macht:

„Die Bilder sind das erste Original aller Schrifften darinnen die geheimste Wissenschafften so wohl Göttlich- als weltlicher Sachen vor uralten Zeiten sind beschrieben worden, indeme Enoch die verborgenste Geheimnissen seiner ungemeinen Weisheit in Bilder gefasset und selbige zweyen Seulen, nemlich einer eisernen und steinernen, eingegraben, solche vor der Vergänglichkeit zu bewahren. Diesem haben es die klugen Egyptier nachgemacht, und ihre himmlische Weisheit, welche sie von ihren Vorfahren erlernet, und theils aus dem Licht der Natur begriffen, mit geheimen Bilder-Schrifften, angemercket, und zum ewigen Gedächtniß in ihre Pyramides oder Spitz-Säulen eingehauen, welche der Vergänglichkeit zu Trotz annoch vielfältig in Egypten mit Verwunderungs-vollen Augen betrachtet werden.

Ob nun gleich der geliebte Leser in diesem kleinen Buch unter diesen Bildern, die wir ihme hier praesentiren, nicht befinden wird einige Enochische Weisheiten noch Egyptische Hiroglyphica, wird er doch darinnen ausser allen Zweifel etwas grosses, nemlich die Worte der ewigen Warheit, antreffen. Sind dieselbe nun nicht so sinnreich entworffen und abgebildet, wie der Egyptier ihre, so sind sie doch auch nicht so dunckel, sondern vor Layen und Kinder, nicht sie zu verbergen, sondern bekannt zu machen, verfertiget; denen praesentiren wir sie, verhoffend, sie werden davon ihre Lust haben.

Es pflegen ja dieselben, welche den Verstand haben, ein Ding von dem andern zu unterscheiden, allemal grosse Begierde zu tragen, die Gestalt dieses oder jenes Dinges ihren Augen lebendig oder abgebildet vorzustellen: Darum ist kein Zweifel, es werden die Kinder aus einem solchen Büchlein innerhalb vier Wochen mehr Nutzen und Lust zur Betrachtung der darinnen befindlichen schönen aus heiliger Schrifft gezogenen Sprüchen haben, als aus einem grossen Buch in einem halben Jahr, zumal wann ihnen die Bilder und deren Bedeutung mit einem sanfftmüthigen Wesen erkläret, und ausgeleget werden. Was uns anreichet, haben wir unsern Fleiß gethan, dem Nächsten zu dienen, welcher nicht übel kan ausgeleget werden, ohne von solchen Leuten, denen alle Gründlichkeit von der Natur ab erkannt worden, und die sich mit lauter Tadelen begnügen und ergötzen. Aber wer unpartheyisch von der Sache judiciret, wird rühmlich von diesem Wercklein reden, und das ist uns schon genug allermassen wir uns von tadelhafften Augen nicht so leicht anfechten lassen, in Betrachtung, daß kein ehrliches Gemüth sothane Bilder mag verwerffen, wo es sie anders gesehen; es kan sie aber nimmermehr ansehen, daß es nicht zugleich den Namen des Herrn seines Schöpffers preise, als Dessen heilige Worte unter ihnen, wie die Wein-Trauben unter den Blättern, verborgen liegen. Wird demnach unser Ziel auch wider aller Tadler Willen erreichet werden, welches nichts anders ist, als die Ehre des grossen und lebendigen Gottes."

IV

Das moderne Vorwort des Nachdrucks der „Hieroglyphick Bible" kennzeichnet Bilder-Bibeln dieses Typs als „selections from the scriptures in the form of riddles", als Auszüge aus der Hl. Schrift in Rätselform. Doch diese Deutung trifft nicht das Eigentliche der Sache; denn bei einem Rätsel handelt es sich um ein Noch-nicht-Gekanntes, das es zu enträtseln gilt. Die meisten (konkreten) Figuren in der Bilder-Bibel wie Auge, Ohr, Hand, Haus, Herz etc. sind den Kindern jedoch nicht rätselhafte Zeichen, sondern Darstellungen bekannter Dinge, „ihren Augen . . . abgebildet". In den eingefügten Bildern, die wie die gedruckten Wörter zeichenhafter Bestandteil der Wiedergabe von „Sprüchen heiliger Schrifft" sind, will die Bilder-Bibel etwas anderes als „eine Art Bilder-Rebus"[7] vermitteln, nämlich biblisches Lesegut. Didaktisch unterscheidet sich die Bilder-Bibel auch von den tatsächlichen geistlichen Rätsel-Büchlein der Zeit. Letztere sind methodisierte Frage- und Antwort-Büchlein. Die Bilder-Bibel hingegen ist, auch in ihren Holzschnitt- bzw. Kupferstich-Figuren, ein Lese-Büchlein. Ihre Herausgeber haben gewußt, daß Lesen – und das gilt ganz allgemein – „Sinnentnahme aus Zeichen" bedeutet. Somit sind die Bilder in diesen Bilder-Bibeln Lese-

Zeichen, Zeichen für „Dinge", deren „rechten Namen" sie in sich tragen. Solche Bild-Zeichen aber vermögen selbst jüngere Kinder bereits zu „lesen". Gleichzeitig bieten sie dem kindlichen Leser herausragende Sinnstützen innerhalb der Abfolge der anderen Lese-Zeichen, der Buchstaben, die sich zu Wörtern und Sätzen fügen. In der Bilder-Bibel *dieser* Art stehen die Bild-Zeichen für Substantive, für Namen. Dadurch, daß manche der Bilder wiederholt in gleicher Form verwandt werden, gewinnen sie mit dem wachsenden Bekanntheitsgrad ihren Sinn und damit Verständnis beim Kinde, stehen sie für die gemeinten „vornehmsten Dinge in der Welt nach ihrer Gestalt und Ansehen". Neben diesen der unmittelbaren Anschauung zugänglichen „Dingen" (Hand, Auge, Ohr, Haus, Fels etc.), neben den „Personifikationen" unanschaulicher Mächte und Tugenden (Tod, Engel, Glaube, Friede etc.) wird das Unfaßbare des biblischen Textes durch Symbole gleichsam standardisiert, durch ein Schriftband oder durch Schild und Gloriole mit dem Tetragramm des hebräischen Gottesnamens. Diese Symbol-Bilder deuten besonders in ihrer Abstraktheit über die „Dinge in der Welt" hinaus, sie heben zeichenhaft die jeweilige Textaussage in die eigentlich biblische Dimension.

Es geht in der Bilder-Bibel (vor allem für die jüngeren Kinder) zunächst um ein Bilder-Lesen, wie es bereits M. Joh. Buno (1617–1697) u. a. in seinem „ABC und Lesebüchlein" (1650) anempfohlen und Joh. Amos Comenius (1592–1670) in seinem „Orbis sensualium pictus" (1658) meisterhaft interpretierte. Die Ratschläge im „Vortrag" des Comenius fordern geradezu einen Vergleich mit dem „Vorbericht" der Bilder-Bibel.

Da heißt es bei Comenius: „Ich muß noch etwas mehrers / von dem nützlichen Gebrauch dieses Büchleins anführen.

I. Man gebe es den Knaben unter die Hand / sich damit nach eignem Belieben zubelüstigen in Beschauung der Figuren / und dieselben ihnen bekant zu machen / auch zu Haus / ehe man sie zur Schul schicket.

II. Darnach kan man sie nach und nach befragen / sonderlich / wann sie nun zur Schule gehen / was diß und jenes sey oder heisse: Damit sie nichts sehen / das sie nit nennen können / und nichts nennen / das sie nit weisen können.

III. Es sollen ihnen aber die benennten Sachen / nit allein in der Figur / sondern auch an ihnen selber gezeiget werden / als nemlich die Leibes-Glieder / die Kleider / Bücher / Haus und Hausgeräthe / etc.

IV. Man sol auch ihnen zulassen / die Gemähle mit der Hand nachzumahlen / so sie Lust darzu haben; ja / so sie keinen haben / muß man

ihnen Lust darzu machen: Erstlich darum / damit sie dadurch gewohnen / einem Ding recht nachzusinnen und darauf scharff Achtung zugeben; dann auch / abzumerken die Ebenmaß der Dinge / in Gegeneinanderhaltung derselben; Endlich / die Hand geübt und färtig zu machen / welches zu vielen gut ist.
V. Wann etliche Sachen / deren hierinn Meldung geschihet / nit können vor Augen gestellt werden / wäre es den Lehrknaben gar fürträglich / wann man ihnen dieselben selblich vorzeigete: Zum Beyspiel / die Farben / die Geschmake u. d. g. welche hier mit der Drucker Farbe nit haben können ausgebildet werden. Und wäre dieserwegen wohl zu wunschen / daß in einer ieden vornehmen Schul die seltne zu Haus nit gemeyne Sachen beygelegt würden / damit man / so offt man mit den Lehrknaben davon handelt / dieselben zugleich vorweisen könte.
Sodann würde diese Schule ein warhafftiger Schauplatz der sichtbaren Welt / und der Verstand-Schulen Vorspiel seyn[8]."
Dem Bilder-Lesen wird also durch Comenius Vorrang vor dem Wörter-Lesen zuerkannt. Auch die Bilder-Bibel ist aus dieser Intention konzipiert. Das Bild ist methodisches Mittel und nicht lediglich illustrative Zutat. Eine Bestätigung dieses lesedidaktischen Denkens liefert über hundert Jahre später F. J. Bertuch (1747–1822) in seinem „Bilderbuch für Kinder", wenn er in „Plan, Ankündigung und Vorbericht des Werks" (1790) dem „Bildern" als einem Teilvorgang des eigentlichen Lesens beim Umgang des Kindes mit dem Buch besonderen Stellenwert zuschreibt: „Das Kind muß damit völlig umgehen können wie mit einem Spielzeuge; es muß darinn zu allen Stunden bildern[9]."
Für das Kind bedeutet die Bilder-Bibel mit ihrer Vielfalt an bildlichen Einzelheiten zunächst ein buntes Sammelsurium der „vornehmsten Dinge in der Welt". Doch aus Neugier und aus Wißbegierde wird es sich spontan dieser bunten Bilderflut zuwenden, sofern die Erwachsenen ihm Freiheit dazu lassen, ihm zugleich helfend zur Seite sind und seinem Verlangen nach Wissen, „which naturally dwells in our Hearts", durch das Vorzeigen und Benennen ansprechender Figuren-Bilder „mit einem sanfftmüthigen Wesen" entgegenkommen. – In diesem Zusammenhang sei nicht übersehen, daß die handgerechten Ausmaße der Bilder-Bibel dem Kinde den Umgang mit diesem Büchlein erleichterten.

Man mag Bilder-Bibeln der beschriebenen Art, bei denen die Bilder innerhalb der Textzeilen selbst *einzelne* Sachen, Personen oder Begriffe vertreten, als eine Kuriosität innerhalb der Geschichte der Buchillustration betrachten. Eine Ausnahme bedeuten sie selbst in der Bibelillustration im besonderen. Und gerade die Bilder-Bibeln seit dem 17. Jahrhun-

dert haben in ihrer großen Mehrheit *ganze* Szenen der heiligen Geschichte verbildlicht. Bei diesem „Normalfall" von Bilder-Bibeln werden den „Ereignisbildern" nur kurze Erklärungen oder – häufig moralisierende – Verse beigegeben. Doch konnten dieselben Bildfolgen natürlich auch als *Text*illustration einer Vollbibel (bzw. den besonders für Kinder beliebten Auszügen oder Nacherzählungen) beigegeben werden.
So z. B. die wohl wichtigste deutsche Bilder-Bibel des Barock, die sog. Merian-Bibel nach Entwürfen von Matthaeus Merian d. Ä. Unter dem Titel „Biblische Figuren, darinnen die furnembste Historien in h. Schrifft begriffen", Amsterdam 1628, brachte Merian erstmals die endgültige Anzahl von 258 Kupferstichen, diese lediglich mit Versen in mehreren Sprachen versehen. Bereits 1630 erschien bei Lazarus Zetzner in Straßburg eine erste Vollbibel mit den Kupferstichen von Merian als *Textillustrationen.*[10] Sie sollte in dieser Form noch oft aufgelegt werden. Auch Goethe erwähnt in „Dichtung und Wahrheit" als Bilderschatz seiner Kindheit die „große Foliobibel mit Kupfern von Merian" im Hause am Hirschgraben.
Von den späteren Bilder-Bibeln des Barock sei hier nur noch die „Figuren Biblischer Historien Alten und Neuen Testaments" von Melchior Kysel, Augsburg 1679[11], erwähnt. Ihr Frontispiz wurde nämlich – geringfügig vereinfacht und dem neuen Format angepaßt – für die „Curieuse Bilder-Bibel" der Ausgaben von 1749, 1756 und selbst noch von 1806 übernommen.
Im übrigen ist für diese Kupferstichfolgen des 17. und 18. Jahrhunderts charakteristisch, daß sie sich im Entwurf zunehmend an die damals bereits klassischen Gemälde, Fresken und Graphiken aus Renaissance und Barock anlehnen. Melchior Kysel etwa sucht die Vorbilder für seine immerhin 237 Kupfer besonders bei Raffael, Tizian, Rubens, Poussin und anderen Franzosen sowie bei Rembrandt. Damit aber wird die Bilder-Bibel von einem Mittel der Unterweisung der Ungebildeten und der Kinder – noch Luther plante eine evangelische Bilder-Bibel als *Laienbibel* – zunehmend zum anspruchsvollen Bildervorrat für das gebildete Bürgertum.
Diese Bilder-Bibeln werden, wie wir es von Goethe ausdrücklich wissen, auch von den Kindern im Haus mitbenutzt worden sein. Dennoch gab es auch „normale" Bilder-Bibeln, die sich schon im Titel ausdrücklich an die Kinder richteten. So z. B. die „Kinder- und Bilder-Bibel oder Auszug derer biblischen Historien" mit 172 Kupferstichen in zwei Teilen, Erfurt 1737/38[12].
Das in Bilder-Bibeln diesen Typs vertretene Ereignisbild wird dann

auch – bei allen sonstigen Unterschieden und Variationen – die für Kinder gedachte Bibelillustration des 19. und 20. Jahrhunderts bestimmen.

VI

Die „Cürieuse Bilder-Bibel oder die vornehmsten Sprüche heiliger Schrifft in Figuren vorgestellt" ist in der kolorierten Edition von 1806[12] ein besonders hübsches Nachfolgebüchlein der Ausgaben aus dem 18. Jahrhundert.

In der „Vorrede" wird gleich eingangs und unüberhörbar vorgetragen, wie zweckdienlich es sei, „wenn Personen, denen die Pflege der Kinder anvertrauet ist", diesen „durch Bilder die wichtigsten Dinge in der Welt, vorzüglich aber die Geschichte der heiligen Schrift, frühzeitig beyzubringen" trachten, „wodurch ihre Wißbegierde mehr gereizt und die Neigung, Sprüche durch Figuren zu erlernen, immer mehr zunehmen wird". – Das Bild motiviert also zum Lernen und bietet mnemotechnische Hilfe.

Dann ist die Rede von „Veränderungen und Verbesserungen". Diese beziehen sich zunächst auf die Inhalte der einzelnen Buchseiten: „Man hat sich nämlich bemühet, in den Sprüchen eine biblische Ordnung zu erwählen. Man hat bey der Schöpfung angefangen; von den allerwichtigsten Geschichten der heiligen Schrift Sprüche beygebracht; und mit der Geschichte von der Erlösung des menschlichen Geschlechts, und mit einigen Tugendlehren geschlossen". Die Einführung der heilsgeschichtlichen Ordnung ebenso wie die angefügten „Tugendlehren" erinnern an die Dubliner Ausgabe von 1789. Inhaltlich ist also aus einem biblischen Erbauungsbuch ein Abriß der biblischen Geschichte geworden. Mit Recht wurde daher auf dem ansonsten unverändert übernommenen Frontispiz der Ausgaben von 1749 und 1756 der Text der Schrifttafeln von „Teutsche" in „Historische Bilder-Bibel" geändert.

Die textlich-typographische Gestaltung der Bibelseiten dokumentiert einen lesemethodischen Fortschritt, den gleichfalls schon die Dubliner Ausgabe aufwies: „Man hat diese Sprüche, welche sonsten zur Erläuterung der Figuren voran gedruckt waren, mit lateinischen Buchstaben unter jede Seite gesetzt, auch diejenigen Worte, welche oben mit Figuren angezeigt sind, durch geschobene Schrift unterschieden." Auf den ausdeutenden, häufig moralisierenden Zweizeiler am Fuß einer Seite der Ausgaben des 18. Jahrhunderts – ähnliche Verse begleiten, wie erwähnt, häufig die Szenarien der Bilder-Bibeln vom Normaltyp – wird

nun verzichtet zugunsten einer praktischen Lesehilfe für das Kind, das Büchlein bekennt sich damit deutlicher als Lese-Buch. Didaktisch konsequent geschieht hier folgendes: 1. Der gesamte Wortlaut der einzelnen Seite wird im Buch wiedergegeben. 2. Der Druck erfolgt in der „modernen" lateinischen Schrift. 3. Die Namen für die Bilder-Zeichen werden durch Kursiv-Schrift abgehoben. Nunmehr vermag das leseerfahrene Kind den oben auf der Seite aus Buchstaben- und Figuren-Zeichen gemischten Text auch als normalen Lesetext aufzunehmen. Dabei ist ihm die „geschobene Schrift" eine zusätzliche Hilfe, sich vom Figuren-Lesen ins Wort-Lesen einzuüben und einzugewöhnen.
Schreiben die Herausgeber in der Ausgabe von 1749 noch allgemein, „... es werden die Kinder aus einem solchen Büchlein innerhalb vier Wochen mehr Nutzen und Lust zur Betrachtung der darinnen befindlichen schönen und aus heiliger Schrifft gezogenen Sprüchen haben, als aus einem grossen Buch in einem halben Jahr", so verspricht die „Vorrede" zur kolorierten Ausgabe den Lern- und Leseerfolg bereits beim Kleinkind: In Auswirkung aller erwähnten „Veränderungen und Verbesserungen" werden durch die Lernhilfen „zwey bis dreijährige Kinder, so bald sie nur ein wenig reden können, nicht nur von den wichtigsten göttlichen Lehren einen kurzen Begriff erhalten, sondern auch sowohl zum deutsch als lateinisch lesen, durch vernünftige und wohl unterwiesene Mütter und Wärterinnen, spielend angewiesen werden können."
Es ist nicht bekannt, ob die zwei- bis dreijährigen Kinder in der Zeit des beginnenden 19. Jahrhunderts den „so nöthigen frühzeitigen Unterricht" nach den Vorstellungen der Erwachsenen bereitwillig und erfolgreich mitvollzogen haben. Eines dürfte jedoch gewiß sein: Sie werden mit frohem Zugriff in der „Cürieusen Bilder-Bibel" auf „ergötzende Art" gebildert und damit auch „gelesen" haben. Und allein damit schon dürfte für den „Erfinder des Büchleins seine gehabte gute Absicht erreicht" worden sein.

Anmerkungen

1 Vgl. *Alte deutsche Kinderbücher.* Katalog der Sammlung Erich Strobach. Paderborn 1978, S. 34 ff.
Deutsche Kinderbücher des 18. Jahrhunderts. Katalog der Herzog August Bibliothek. Wolfenbüttel 1978, S. 11 ff.
Europäische Kinderbücher vom 15. bis zum 19. Jahrhundert. Katalog der Österreichischen Nationalbibliothek. Wien 1979, S. 16 f.

2 Hobrecker, Karl: *Alte vergessene Kinderbücher.* Berlin 1924, S. 42

3 *Lexikon für Theologie und Kirche.* 2. Auflage. 2. Band, Freiburg 1958, Sp. 460

4 Seebaß, Adolf: *Alte Kinderbücher.* Katalog. Basel o. J., S. 28, Nr. 188
Vgl. Rammensee, Dorothea: *Bibliographie der Nürnberger Kinder- und Jugendbücher 1522–1914.* Bamberg 1961, S. 26 f.

5 de Vries, Leonard (Hrsg.): *Bloempjes der Vreugd.* Amsterdam 1968, S. 12 f.

6 Vgl. *A Curious Hieroglyphick Bible* ... Dublin 1789. – Reprint 1970 bei Sean Hignett, Edinburgh.

7 Vgl. Doderer, Klaus/Müller, Helmut (Hrsg.): *Das Bilderbuch.* Weinheim 1973, S. 11: „Der Schreibtext wird an zahlreichen Stellen unterbrochen und das fehlende Wort durch einen kolorierten kleinen Kupferstich ersetzt. So entsteht eine Art Bilder-Rebus . . ."

8 Vgl. Comenius, Johann Amos: *Orbis sensualium pictus.* Nürnberg 1658. – Nachdruck: Die bibliophilen Taschenbücher Nr. 30. Dortmund 1978

9 Vgl. Bertuch, Friedrich Justin: *Bilderbuch für Kinder.* Weimar 1790 ff. – Nachdruck einer Auswahl: Die bibliophilen Taschenbücher Nr. 101. Dortmund 1979, S. 174 ff.

10 Vgl. Merian, Matthaeus: *Die Bilder zur Bibel.* Herausgegeben und eingeleitet von Peter Meinhold. Hamburg 1965

11 Vgl. den Nachdruck: Hildesheim 1968

12 *Deutsche Kinderbücher des 18. Jahrhunderts.* Katalog der Herzog August Bibliothek, Wolfenbüttel 1978, Kat.-Nr. A 1 (mit Abbildungen).

13 In allen bekannten Exemplaren dieser Ausgabe (vgl. Katalog Hauswedell & Nolte, Auktion 229, Mai 1979, 2473/4), so auch in der für diesen Nachdruck verwandten Buchvorlage, fehlen die Seiten 15 und 16, so daß ein drucktechnisches Versehen vermutet werden darf.

Weitere Ausgaben der „Cürieusen Bilder-Bibel“

Auf den folgenden Seiten werden vier der zahlreichen deutschen und anderssprachigen Ausgaben jeweils durch Titelblatt und eine Buchseite dokumentiert:

DE KLEINE
PRINT-BYBEL

Waar in door verſcheide afbeeldingen
een meenigte van Bybelſche
ſpreuken verklaart werden.

Tot vermaak der Jeugd, en om te leeren elken
zaak naaukeurig af te ſchetzen, en by haar
regte naam te noemen, ook de ſpreu-
ken der H. Schrift by na zonder
moeite in de geheugenis
te brengen.

Uit de Hoogduitſche in de Hollandſche taal overgezet

Tot AMSTERDAM,
By JOANNES PAULI, Boekverkoper op het
water, en na Mey 1720 op den Nieuwendyk,
het negende huis van den Dam, in SENECA.

Marc. 10 V 25 128

het is lichter dat een

gaa door de ooge van een

dan dat een rijcke in het koninck=
rijcke Gods ingaa

Een Kemel ligter ging door 't ooge van een naalde
Dan dat een rijken dwaas ooit in den Hemel praal=
de.

CURIEUSE

und

mit vielen Bildern erläuterte

Biblische

Kern-Sprüche/

oder so genannte

Bilder-Bibel/

Dem Gemüth zur Ergetzung/
der lieben Jugend zu Erlernung eines
jeden Dinges, mit seinem rechten Namen
zu benennen;

Wie nicht weniger die Sprüche Heil.
Schrifft ohne Mühe ins Gedächtnus
zu bringen.

Nürnberg,
bey Joh. Adam Stein und Gabriel Nicolaus
Raspe. 1749.

Sie werden ihre 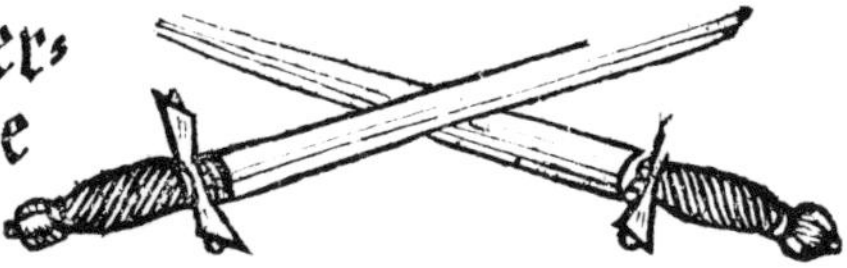 zu  und ihre  zu  machen.

Ein jeder wird unter seinen  und  wohnen ohne Scheu.

1. Buch Mosis 37. v. 9.

Mich dauchte, die  ne und der  und XI. ✱✱✱✱✱✱✱✱✱✱✱ neigeten sich für mir.

Curieuse
Bilder-Bibel
oder die vornehmsten
Sprüche heiliger Schrifft
in
Figuren
vorgestellt
wodurch der zarten Jugend
dieselben spielend in das Gedächtniß gebracht
und zugleich die
vornehmsten Dinge in der Welt
nach ihrer
Gestalt und Ansehen
auf eine angenehme und ergötzende Art
bekannt gemacht werden.

Mit Königlich Pohlnischer Churfürstl. Sächsischer allergnädigsten Freyheit.

Nürnberg
auf Kosten der Raspischen Buchhandlung
1756.

Welcher ist unter euch/ dem

sein 

oder  in den  fäl-

let / uud er nicht alsobald ihn heraus zeucht.

Lucä. 2. v. 16.

Die Hirten kamen eilend und fun

den beyde,  und 

darzu das 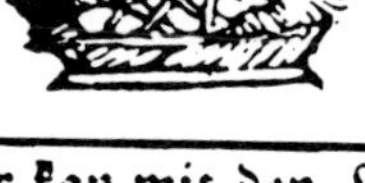 in der liegen.

Seelig, wer kan mit den Hirten,
JEsum finden und bewirten.

A CURIOUS

HIEROGLYPHICK BIBLE;

OR,

SELECT PASSAGES

IN THE

OLD AND NEW TESTAMENTS,

REPRESENTED WITH

EMBLEMATICAL FIGURES,

FOR THE

AMUSEMENT OF YOUTH:

DESIGNED CHIEFLY

To familiarize tender Age, in a pleaſing and diverting Manner, with early Ideas of the Holy Scriptures.

TO WHICH ARE SUBJOINED,

A ſhort ACCOUNT of the LIVES of the EVANGELISTS, and other Pieces, illuſtrated with CUTS.

THE FOURTH EDITION;

With ADDITIONS, and other great IMPROVEMENTS.

DUBLIN:

Printed by B. DUGDALE, No. 150, Capel-Street.

MDCCLXXXIX.

The Mariners took up 

and caſt him into the Sea, and it ceaſed from raging Now the LORD had pre-

pared a great 

to ſwallow up Jonah, and he was in its Belly three Days and three Nights Then he prayed unto the Lord, and it

upon the dry Land.

The Mariners took up *Jonah* and caſt him into the Sea, and it ceaſed from raging. Now the Lord had prepared a great *Fiſh* to ſwallow up Jonah, and he was in its Belly three Days and three Nights. Then, he prayed unto the Lord, and it *vomited out Jonah* upon the dry Land.

Alte Kinderbücher

Ludwig Bechstein's Märchenbuch
Nach der Ausgabe von 1853
Die bibliophilen Taschenbücher Nr. 5
174 Holzschnitte von Ludwig Richter
280 Seiten, 9,80 DM

Wilhelm Hey
Funfzig Fabeln für Kinder
Nach der Ausgabe von 1833
Mit einem Nachwort von Walter Scherf
Die bibliophilen Taschenbücher Nr. 28
50 Tafeln von Otto Speckter
166 Seiten, 9,80 DM

Johann Amos Comenius
Orbis sensualium pictus
Nach der Ausgabe von 1658
Mit einem Nachwort von Heiner Höfener
Die bibliophilen Taschenbücher Nr. 30
405 Seiten, 172 Abbildungen
14,80 DM

Robert Reinick
ABC-Buch für kleine und große Kinder
Nach der Ausgabe von 1876
Mit einem Nachwort von Ulrike Bessler
Die bibliophilen Taschenbücher Nr. 31
27 Tafeln, 178 Seiten, 6,80 DM

Wilhelm Hey
Noch funfzig Fabeln
Nach der Ausgabe von 1837
Mit einem Nachwort von Walter Scherf
Die bibliophilen Taschenbücher Nr. 52
50 Farbtafeln von Otto Speckter
150 Seiten, 12,80 DM

Joachim Heinrich Campe
Robinson der Jüngere
Nach der Ausgabe von 1860
Mit einem Anhang von Reinhard Stach
Die bibliophilen Taschenbücher Nr. 55
46 Holzschnitte von Ludwig Richter
352 Seiten, 14,80 DM

Georg Scherer (Hrsg.)
Alte und neue Kinderlieder
Nach der Ausgabe von 1849
Herausgegeben von Hubert Göbels
Die bibliophilen Taschenbücher Nr. 65
80 Abbildungen von W. v. Kaulbach, Ludwig Richter u. a.
207 Seiten, 7,80 DM

Friedrich Güll
Kinderheimath
Nach der Ausgabe von 1836
Herausgegeben von Hubert Göbels
Die bibliophilen Taschenbücher Nr. 71
10 Radierungen von J. Nisle
212 Seiten, 8,80 DM

Joachim Heinrich Campe
Abeze- und Lesebuch
Nach der Ausgabe von 1830
Herausgegeben von Hubert Göbels
Die bibliophilen Taschenbücher Nr. 78
25 vierfarbige Abbildungen
273 Seiten, 12,80 DM

A. G. Eberhard
Hanchen und die Küchlein
Nach der Ausgabe von 1840
Herausgegeben von Hubert Göbels
Die bibliophilen Taschenbücher Nr. 80
10 Abbildungen von Otto Speckter
222 Seiten, 9,80 DM

Hans Christian Andersen
Gesammelte Märchen
Mit Illustrationen von Vilhelm Pedersen
Herausgegeben von Hubert Göbels
Die bibliophilen Taschenbücher Nr. 89
518 Seiten, 125 Abbildungen, 14,80 DM

F. E. von Rochow
Der Kinderfreund
Ein Lesebuch zum Gebrauch in Landschulen
Nach der Erstausgabe von 1776
Herausgegeben und mit einer illustrierten Bibliographie versehen von Hubert Göbels
Die bibliophilen Taschenbücher Nr. 96
207 Seiten, 55 Abbildungen, 12,80 DM

Friedrich Justin Bertuch
Bilderbuch für Kinder
Eine Auswahl
Herausgegeben von Hubert Göbels
Die bibliophilen Taschenbücher Nr. 101
189 Seiten, 80 Farbtafeln, 16,80 DM

Christoph von Schmid
Zweiundfünfzig Bilder für die Jugend
Nach der Ausgabe um 1830
Herausgegeben von Hubert Göbels
Die bibliophilen Taschenbücher Nr. 107
128 Seiten, 52 Tafeln, 6,80 DM

Johannes Andreas Christian Loehr
Erstes Bilder- und Lehrbuch
Nach der ersten Ausgabe um 1805
Illustrationen von
Johann Stephan Capieux u. a.
Herausgegeben von Hubert Göbels
Die bibliophilen Taschenbücher Nr. 111
224 Seiten, 50 Farbtafeln, 14,80 DM

Jacob Eberhard Gailer
Neuer Orbis pictus für die Jugend
Nach der viersprachigen
Ausgabe von 1835
Herausgegeben von Hubert Göbels
Die bibliophilen Taschenbücher Nr. 116
Dünndruckausgabe
1056 Seiten, 322 Abbildungen, 24,– DM

Hubert Göbels
Hundert alte Kinderbücher aus dem 19. Jahrhundert
Eine illustrierte Bibliographie
Die bibliophilen Taschenbücher Nr. 123
300, teilweise farbige Abbildungen
461 Seiten, 28,– DM

Klaus Groth
Vaer de Gaern
Kinderreime alt und neu
Nach der Erstausgabe von 1858
Herausgegeben von Hubert Göbels
Die bibliophilen Taschenbücher Nr. 135
52 Illustrationen von Ludwig Richter
138 Seiten, 7,80 DM

Cürieuse Bilder-Bibel
Nach der Ausgabe von 1806
Herausgegeben von Hubert Göbels
Die bibliophilen Taschenbücher Nr. 139
zahlreiche farbige Abbildungen
149 Seiten, 16,80 DM

Neu im Februar 1980
Bilder zum ersten Anschauungsunterricht für die Jugend
Nach der Ausgabe von 1889
Herausgegeben von Hubert Göbels
Die bibliophilen Taschenbücher Nr. 155
60 Farbseiten, insgesamt ca. 150 Seiten
14,80 DM

Neu im März 1980
Neu erfundener Lustweg zu allerley schönen Künsten und Wissenschaften
Nach einer Kupferstichausgabe
des 18. Jahrhunderts
Herausgegeben von Hubert Göbels
Die bibliophilen Taschenbücher Nr. 159
zahlreiche, teilweise farbige Abbildungen
ca. 130 Seiten, 16,80 DM

Kunst und Architektur

Hans Dichand (Hrsg.)
Jugendstilpostkarten
Mit einem Nachwort von Hans Dichand
und Künstlerbiographien
von Michael Martischnig
Die bibliophilen Taschenbücher Nr. 16
69 Farbtafeln, 164 Seiten, 16,80 DM

Johann Bernhard Fischer von Erlach
Entwurf einer historischen Architektur
Nach der Ausgabe von 1721
Mit einem Nachwort von Harald Keller
Die bibliophilen Taschenbücher Nr. 18
89 Kupfertafeln, 289 Seiten, 16,80 DM

Der Markusplatz zu Venedig
Nach der Ausgabe von 1831
Mit einer Einführung von Harald Keller
Die bibliophilen Taschenbücher Nr. 36
17 Farbtafeln, 61 Seiten, 9,80 DM

Julius Schnorr von Carolsfeld
Die Bibel in Bildern
240 Holzschnitte
Nach der Ausgabe von 1852–60
Die bibliophilen Taschenbücher Nr. 41
320 Seiten, 12,80 DM

Hans Burgkmair d. J.
Turnier-Buch
Nach der Ausgabe von 1853
Mit einem Nachwort von R. Bentmann
Die bibliophilen Taschenbücher Nr. 43
27 Farbtafeln nach Hans Burgkmair
86 Seiten, 9,80 DM

Frieder Mellinghoff (Hrsg.)
Kunst-Ereignisse
Plakate zu Kunst-Ausstellungen
Die bibliophilen Taschenbücher Nr. 59
186 Seiten, 88 farbige Abbildungen
16,80 DM

Harald Keller (Hrsg.)
Das barocke Rom
In Kupferstich-Veduten
Die bibliophilen Taschenbücher Nr. 92
250 Seiten, 110 Abbildungen, 14,80 DM

Albrecht Dürer
Die drei großen Bücher
Marienleben
Große Passion
Apokalypse
Nach den Ausgaben von 1511
Herausgegeben von Horst Appuhn
Die bibliophilen Taschenbücher Nr. 95
182 Seiten, 48 Holzschnitte, 9,80 DM

Triumphzug Kaiser Maximilians I.
Bilderfries aus 137 Holzschnitten
von Albrecht Altdorfer, Hans Burgkmair d. Ä.,
Albrecht Dürer u. a.
Nach der Ausgabe von 1526
Die bibliophilen Taschenbücher Nr. 100
205 Seiten, 137 Abbildungen, 9,80 DM

Salomon Kleiner
Das florierende Wien
142 Veduten
Nachwort von Elisabeth Herget
Nach Kupferstichfolgen der Jahre 1724/37
Die bibliophilen Taschenbücher Nr. 104
307 Seiten, 142 Abbildungen, 14,80 DM

Salomon Kleiner
Schönbornschlösser
45 Veduten
Nach Kupferstichen der Jahre 1726/31
Die bibliophilen Taschenbücher Nr. 110
ca. 120 Seiten, 45 Abbildungen, 6,80 DM

Honoré Daumier
Caricaturiana
Nach der Ausgabe von 1839
101 Lithographien
Bilddialoge von Charles Philipon
Übertragen von Christian Nebelwy
Mit einem Anhang von
Margot Berthold und
Thomas W. Gaehtgens
Die bibliophilen Taschenbücher Nr. 113
220 Seiten, 101 Abbildungen, 9,80 DM

Maximilian I.
Der Theuerdank
Nach der ersten Ausgabe von 1517
118 Holzschnittillustrationen von
Leonhard Beck, Hans Burgkmair d. Ä.,
Hans Schäufelein u. a.
Herausgegeben von Horst Appuhn
Die bibliophilen Taschenbücher Nr. 121
626 Seiten, 118 Abbildungen, 16,80 DM

Gustav Kölle
Opern-Typen
Naive Darstellungen aus den beliebtesten Opern
Nach der Ausgabe von 1885
Herausgegeben von Hermann Hildebrandt
Die bibliophilen Taschenbücher Nr. 124
252 Seiten, 54 Farbtafeln, 16,80 DM

Hishikawa Moronobu
Vergnügungen der Liebe
Nach der Buchausgabe von 1683
Herausgegeben von Franz Winzinger
Die bibliophilen Taschenbücher Nr. 128
Vierfarbendruck
45 Seiten, 12,80 DM

Albert Schindehütte
Sammelalbum
Werkverzeichnis der Druckgraphik
Einleitung von Peter Rühmkorf
Die bibliophilen Taschenbücher Nr. 129
Mit einer signierten Original-Radierung und 170, teilweise farbigen Abbildungen
360 Seiten, 29,80 DM

Das Hausbuch der Cerruti
Nach der Handschrift in der Österreichischen Nationalbibliothek
Übertragung und Nachwort von F. Unterkircher
Die bibliophilen Taschenbücher Nr. 130
212 Farbseiten
insgesamt 228 Seiten, 24,80 DM

F. Bernhard/F. Glotzmann
Spitzenbilder
Die bibliophilen Taschenbücher Nr. 131
80 kolorierte Pergamentschnitte
188 Seiten, 16,80 DM

Reingard Witzmann
Freundschafts- und Glückwunschkarten aus dem Wiener Biedermeier
Herausgegeben vom Historischen Museum der Stadt Wien
Die bibliophilen Taschenbücher Nr. 134
112 farbige Abbildungen
203 Seiten, 19,80 DM

Rainer E. Lotz
Grammophonplatten aus der Ragtime-Ära
Die bibliophilen Taschenbücher Nr. 141
80 farbige Abbildungen
212 Seiten, 16,80 DM

Neu im Februar 1980

Matthäus Daniel Pöppelmann
Vorstellung und Beschreibung des Zwingergartens zu Dresden
Nach dem Stichwerk von 1729
Mit einem Nachwort von Harald Keller
Die bibliophilen Taschenbücher Nr. 151
ca. 150 Seiten, 16,80 DM

Neu im Februar 1980

Ruth Eder
Theaterzettel
Die bibliophilen Taschenbücher Nr. 153
ca. 260 Seiten, 120 Abbildungen, 12,80 DM

Neu im März 1980

Erika Neubauer
Wiener Barockgärten
Mit Veduten von Salomon Kleiner, J. B. Fischer von Erlach, B. Bellotto u. a.
Die bibliophilen Taschenbücher Nr. 158
ca. 120, teilweise farbige Abbildungen
ca. 260 Seiten, 14,80 DM

Kulturgeschichte

Die Gutenberg-Bibel
Nach der Ausgabe von 1450–1455
Mit Nachworten von Wieland Schmidt
und Aloys Ruppel
Die bibliophilen Taschenbücher Nr. 1
320 Seiten, 14,80 DM

Kladderadatsch
1. Jahrgang – 1848
Die bibliophilen Taschenbücher Nr. 3
140 Seiten, 82 Abbildungen, 9,80 DM

Das Lob des Tugendsamen Weibes
Nach der Ausgabe von 1885
Die bibliophilen Taschenbücher Nr. 7
30 Illustrationen von L. von Kramer
60 Seiten, 6,80 DM

Pater Hilarion alias Joseph Richter
Bildergalerie weltlicher Misbräuche
Nach der Ausgabe von 1785
Die bibliophilen Taschenbücher Nr. 8
270 Seiten, 20 Tafeln, 9,80 DM

Christoph Weigel
Abbild- und Beschreibung der Gemein-Nützlichen Haupt-Stände
Nach der Ausgabe von 1698
Die bibliophilen Taschenbücher Nr. 9
434 Seiten, 210 Tafeln, 14,80 DM

Anmuth und Schönheit
Nach der Ausgabe von 1797
Die bibliophilen Taschenbücher Nr. 21
317 Seiten, 5 Abbildungen, 9,80 DM

Alte Bilderrätsel
Aus dem 19. Jahrhundert
Mit einem Nachwort von Ulrike Bessler
Die bibliophilen Taschenbücher Nr. 22
151 Seiten, 69 Tafeln, 6,80 DM

Karl Friedrich Flögel
Geschichte des Grotesk-Komischen
Nach der Ausgabe von 1862
Die bibliophilen Taschenbücher Nr. 24
548 Seiten, zahlreiche Farb- und Schwarzweiß-Abbildungen sowie alle Klapp- und Verwandlungseffekte
16,80 DM

Herzensangelegenheiten. Liebe aus der Gartenlaube
Aus dem 19. Jahrhundert
Mit einem Nachwort von Marianne Bernhard
Die bibliophilen Taschenbücher Nr. 26
156 Seiten, 102 Abbildungen, 6,80 DM

Kaiser-Wilhelm-Album
Mit einer Chronologie von Heiner Höfener
Die bibliophilen Taschenbücher Nr. 34
180 Seiten, 82 Abbildungen, 12,80 DM

Hans Burgkmair d. J.
Turnier-Buch
Nach der Ausgabe von 1853
Mit einem Nachwort von R. Bentmann
Die bibliophilen Taschenbücher Nr. 43
27 Farbtafeln nach Hans Burgkmair
86 Seiten, 9,80 DM

Andreas & Angela Hopf
Alte Exlibris
Die bibliophilen Taschenbücher Nr. 48
220 Abbildungen, davon 32 in Farbe
240 Seiten, 16,80 DM

Oscar Ludwig Bernhard Wolff
Naturgeschichte des Deutschen Studenten
Nach der Ausgabe von 1847
Die bibliophilen Taschenbücher Nr. 53
232 Seiten, 29 Abbildungen, 9,80 DM

U. Drumm/A. W. Henseler/E. J. May
Alte Wertpapiere
Die bibliophilen Taschenbücher Nr. 62
170 farbige Abbildungen
240 Seiten, 19,80 DM

Robert Lebeck (Hrsg.)
Reklame-Postkarten
Mit einem Nachwort von Jürgen Kesting
Die bibliophilen Taschenbücher Nr. 69
80 meist farbige Abbildungen
176 Seiten, 16,80 DM

Elke Dröscher
Puppenwelt
Die bibliophilen Taschenbücher Nr. 70
80 farbige Abbildungen
172 Seiten, 16,80 DM

Fliegende Blätter
1844–1854. Eine Auswahl
Herausgegeben von
Marianne Bernhard
Die bibliophilen Taschenbücher Nr. 74
zahlreiche Abbildungen
213 Seiten, 9,80 DM

Bilder-Gallerie
Nach der Ausgabe von 1825/27
Mit einem Nachwort von Heiner Höfener
Die bibliophilen Taschenbücher Nr. 83
226 Tafeln
540 Seiten, 14,80 DM

Pariser Mode vor hundert Jahren
Mit einem Nachwort von Ruth Bleckwenn
Die bibliophilen Taschenbücher Nr. 86
42 vierfarbige Abbildungen
127 Seiten, 12,80 DM

Ruth Malhotra
Manege frei
Artisten- und Zirkusplakate
von Adolph Friedländer
Die bibliophilen Taschenbücher Nr. 91
128 farbige Abbildungen
296 Seiten, 19,80 DM

Johann Willsberger
Alte Cameras
Die bibliophilen Taschenbücher Nr. 93
68 farbige Abbildungen
151 Seiten, 14,80 DM

Robert Lebeck (Hrsg.)
Herzlichen Glückwunsch
80 alte Postkarten
Mit einem Nachwort von Gerhard Kaufmann
Die bibliophilen Taschenbücher Nr. 94
80 farbige Abbildungen
175 Seiten, 16,80 DM

Albert Robida
Luftschlösser der Belle Époque
100 utopische Zeichnungen
Herausgegeben von Winfried Petri
Die bibliophilen Taschenbücher Nr. 97
100 Abbildungen, teilweise farbig
213 Seiten, 12,80 DM

Kurt K. Doberer
Schöne Briefmarken
Die bibliophilen Taschenbücher Nr. 99
80 farbige Abbildungen
172 Seiten, 16,80 DM

Elke Dröscher
Puppenleben
Die bibliophilen Taschenbücher Nr. 103
80 farbige Abbildungen
123 Seiten, 16,80 DM

Robert Lebeck (Hrsg.)
Bitte recht freundlich
80 alte Postkarten
Mit einem Nachwort von Manfred Sack
Die bibliophilen Taschenbücher Nr. 105
80 farbige Abbildungen
180 Seiten, 16,80 DM

Wilhelm Wolf
Fahrrad und Radfahrer
Nach der Ausgabe von 1890
Nachwort von Hans-Erhard Lessing
Die bibliophilen Taschenbücher Nr. 106
270 Seiten, 342 Abbildungen, 9,80 DM

Rebusbilder
Aus der Wiener allgemeinen Theaterzeitung
Nachwort von Fritz Bernhard
Die bibliophilen Taschenbücher Nr. 108
92 Seiten, 46 Farbtafeln, 14,80 DM

Glücks-Rädlein oder Wahrsagungs-Büchlein
Nach der Ausgabe von 1676
Die bibliophilen Taschenbücher Nr. 112
100 Seiten, 6,80 DM

Robert Lebeck (Hrsg.)
Angeberpostkarten
Nachwort von Josef Müller-Marein
Die bibliophilen Taschenbücher Nr. 115
80, meist farbige Abbildungen
173 Seiten, 14,80 DM

Philipp Franz von Gudenus
Reiter, Husaren und Grenadiere
Die Uniformen der Kais. Armee 1734
Herausgegeben von Hans Bleckwenn
Die bibliophilen Taschenbücher Nr. 125
93 Seiten, 40 Farbtafeln, 14,80 DM

Journal des Luxus und der Moden
80 kolorierte Kupfer
aus Deutschlands erster Modezeitschrift
Ausgewählt und erläutert
von Christina Kröll
Die bibliophilen Taschenbücher Nr. 117
80 farbige Abbildungen
182 Seiten, 16,80 DM

Andreas & Angela Hopf
Exlibris der Dame
Die bibliophilen Taschenbücher Nr. 119
90, meist farbige Abbildungen
196 Seiten, 16,80 DM

Fritz Bernhard
Ballspenden
Die bibliophilen Taschenbücher Nr. 127
120 Farbfotos von Elke Dröscher
247 Seiten, 19,80 DM

Das Hausbuch der Cerruti
Nach der Handschrift in der
Österreichischen Nationalbibliothek
Übertragung und Nachwort
von F. Unterkircher
Die bibliophilen Taschenbücher Nr. 130
212 Farbseiten
insgesamt 227 Seiten, 24,80 DM

F. Bernhard/F. Glotzmann
Spitzenbilder
Die bibliophilen Taschenbücher Nr. 131
80 kolorierte Pergamentschnitte
188 Seiten, 16,80 DM

Reingard Witzmann
Freundschafts- und Glückwunschkarten aus dem Wiener Biedermeier
Herausgegeben vom Historischen Museum
der Stadt Wien
Die bibliophilen Taschenbücher Nr. 134
112 farbige Abbildungen
203 Seiten, 19,80 DM

Johann Wilhelm Petersen
Geschichte der deutschen National-Neigung zum Trunke
Nach der Ausgabe von 1782
Nachwort von Arno Kappler
Die bibliophilen Taschenbücher Nr. 138
180 Seiten, 6,80 DM

Ernst W. Mick
Altes Buntpapier
Die bibliophilen Taschenbücher Nr. 140
ca. 100 Farbseiten
insgesamt ca. 180 Seiten, 24,80 DM

Rainer E. Lotz
Grammophonplatten aus der Ragtime-Ära
Die bibliophilen Taschenbücher Nr. 141
80 farbige Abbildungen
212 Seiten, 16,80 DM

Robert Lebeck (Hrsg.)
Riesen, Zwerge, Schauobjekte
80 alte Postkarten
Mit einem Nachwort von Ulrich Bischoff
Die bibliophilen Taschenbücher Nr. 143
177 Seiten, 16,80 DM

Neu im Januar 1980
Albert Pick
Altes Papiergeld
Die bibliophilen Taschenbücher Nr. 145
ca. 120 farbige Abbildungen
ca. 260 Seiten, 19,80 DM

Neu im Januar 1980
Eduard Polak
Bunte Eier aus aller Welt
Die bibliophilen Taschenbücher Nr. 146
80 farbige Abbildungen
ca. 180 Seiten, 14,80 DM

Geschichte und Gesellschaft

Kladderadatsch
1. Jahrgang – 1848
Die bibliophilen Taschenbücher Nr. 3
140 Seiten, 82 Abbildungen, 6,80 DM

Franz Kugler/Adolph Menzel
Geschichte Friedrichs des Großen
Nach der Ausgabe von 1856
Die bibliophilen Taschenbücher Nr. 6
317 Illustrationen von Adolph Menzel
545 Seiten, 16,80 DM

Theodore de Bry
Das vierdte Buch von der neuwen Welt
Nach der Ausgabe von 1594
Die bibliophilen Taschenbücher Nr. 10
194 Seiten, 26 Abbildungen, 9,80 DM

Kaiser-Wilhelm-Album
Mit einer Chronologie von Heiner Höfener
Die bibliophilen Taschenbücher Nr. 34
180 Seiten, 82 Abbildungen, 12,80 DM

Machiavelli/Friedrich II.
Regierungskunst eines Fürsten/Anti-Machiavel
Nach der Ausgabe von 1745
Mit einem Nachwort von Heiner Höfener
Die bibliophilen Taschenbücher Nr. 50
556 Seiten, 16,80 DM

Die Schedelsche Weltchronik
Nach der Ausgabe von 1493
Mit einem Nachwort von Rudolf Pörtner
Die bibliophilen Taschenbücher Nr. 64
ca. 2000 Holzschnitte von M. Wolgemut und W. Pleydenwurff
614 Seiten, 16,80 DM

Hugo Gerhard Ströhl
Wappen und Flaggen des Deutschen Reiches und seiner Bundesstaaten (1871–1918)
Nach den Tafeln von 1897
Zusammengestellt und erläutert von Jürgen Arndt
Die bibliophilen Taschenbücher Nr. 81
116 Seiten, 41 Farbtafeln, 14,80 DM

Die Goldene Bulle
Nach König Wenzels Prachthandschrift
Mit der deutschen Übersetzung von Konrad Müller und einem Nachwort von Ferdinand Seibt
Die bibliophilen Taschenbücher Nr. 84
158 Seiten, davon 92 farbig, 16,80 DM

Triumphzug Kaiser Maximilians I.
Nach der Ausgabe von 1526
Bilderfries aus 137 Holzschnitten von Albrecht Altdorfer, Hans Burgkmair d. Ä., Albrecht Dürer u. a.
Die bibliophilen Taschenbücher Nr. 100
205 Seiten, 137 Abbildungen, 9,80 DM

Ludwig A. C. Martin (Hrsg.)
Hundert Jahre Weltsensation in Pressefotos
Die bibliophilen Taschenbücher Nr. 120
351 Abbildungen, 362 Seiten, 14,80 DM

Philipp Franz von Gudenus
Reiter, Husaren und Grenadiere
Die Uniformen der Kais. Armee 1734
Bearbeitung und Texte von Hans Bleckwenn
Die bibliophilen Taschenbücher Nr. 125
93 Seiten, 40 Farbtafeln, 14,80 DM

Neu im Februar 1980
Robert Lebeck/Manfred Schütte (Hrsg.)
Propagandapostkarten I
80 Postkarten aus den Jahren 1898–1928
Die bibliophilen Taschenbücher Nr. 154
ca. 180 Seiten, 16,80 DM

Neu im März 1980
Robert Lebeck/Manfred Schütte (Hrsg.)
Propagandapostkarten II
80 Postkarten aus den Jahren 1933–1943
Die bibliophilen Taschenbücher Nr. 157
ca. 180 Seiten, 16,80 DM